AF241183

L'ADMIRABLE PÈLERIN DE MONTPELLIER

SAINT ROCH

Ln²⁷
9303

L'ADMIRABLE PÈLERIN

DE MONTPELLIER

SAINT ROCH

PAR

L'Abbé J.-E. SAUMADE

avec une LETTRE APPROBATIVE *de Monseigneur* DE CABRIÈRES,
Évêque de Monpellier

*Hunc quicunque legis devotâ mente libellum,
tu cole mirandi numina sancta viri.*

Vous qui lirez ce livre dans un esprit de
foi, honorez la puissance et la sainteté de
cet homme admirable.

(Boll., N° 40.)

MONTPELLIER

IMPRIMERIE DE JEAN MARTEL AINÉ

rue Blanquerie 3, près de la Préfecture

—

1876

Tous droits réservés.

ÉVÊCHÉ

DE

MONTPELLIER.

A MONTPELLIER,

ce 5 août 1876.

MON CHER DOYEN,

C'est avec un grand empressement, avec une joie sincère, et même avec reconnaissance, si votre humilité veut souffrir cette expression, que je vous autorise à publier votre étude sur la vie de saint Roch, l'admirable Pèlerin de Montpellier.

Vous avez su profiter des travaux antérieurs et entourer votre narration de notes savantes, qui sont à la fois une garantie d'authenticité pour les faits, un commentaire précieux du récit, un hommage aux laborieuses études de nos contemporains et de nos compatriotes. Vous avez ainsi appuyé, comme il faut le faire toujours, l'édification sur la vérité, et vous avez voulu que la piété, pour s'épanouir, fût alimentée et soutenue par la sève d'une érudition abondante et exacte. Votre style, élégant et simple, a revêtu sans affectation quelque chose du caractère de nos vieilles légendes, si poétiques et si instructives.

Je ne doute ni de votre succès comme écrivain, ni du bien que votre livre fera. Vous serez ainsi doublement récompensé : vous aurez cherché les fruits, et Dieu, dans sa bonté, vous aura permis de recueillir en même temps les fleurs. Puissent leurs riches couleurs, leurs parfums délicats être aux âmes comme autant d'innocents attraits; et puissiez-vous avoir par là l'unique satisfaction que vous ayez souhaitée, celle d'être utile en faisant admirer et aimer les vertus d'un grand saint !

Croyez, mon cher Doyen, à mes sentiments dévoués, affectionnés et respectueux en N.-S.

† **F.-M. ANATOLE,**

Évêque de Montpellier.

INTRODUCTION

Peregrinare in terrâ quam dixero tibi: eroque tecum et benedicam tibi.

(Genèse , **XXVI**.)

O Seigneur, que mes vœux ne soient pas superflus ;
Rends à mon beau pays tous ses beaux jours perdus !...

La construction d'une église était au moyen-âge une œuvre de foi et de dévotion. Tout fidèle , si humble fût-il , se faisait un pieux devoir de porter sa pierre , de donner sa part de dévouement et de coopérer à l'entreprise commune , selon la mesure de ses ressources et de ses forces. Les plus habiles concevaient des plans et harmonisaient ces lignes dont la noblesse et la pureté sont pour l'artiste un objet d'incessante admiration. D'autres , aux membres robustes , dressaient les colonnes et lançaient vers le ciel ces voûtes hardies qui s'élèvent comme le cri de la suppliante prière.

Il en était qui, moins forts ou moins capables, se vouaient, dans un angle du nouveau sanctuaire, à un labeur en apparence plus obscur. Ils s'attachaient, et cela pendant des années entières, à modeler la figure d'un saint. Toute leur ambition était de la reproduire dans sa surnaturelle et ravissante beauté.

N'est-ce point là notre rôle ? Ne sommes-nous point cet ouvrier perdu dans un coin de l'édifice ; et notre œuvre n'est-elle pas comparable à cette frêle statue que l'œil ne découvre qu'après l'avoir longtemps cherchée, au milieu des magnificences d'une antique cathédrale ?....

Saint Roch n'a point dans l'histoire une figure dominante. On ne saurait le compter parmi ces hommes providentiels et supérieurs, en qui s'incarne tout un dessein de Dieu sur le monde.

Notre Bienheureux, n'est pas un Saint Grégoire VII, planant au-dessus de l'Europe, une main sur l'Évangile et l'autre sur les peuples, pour les pousser, malgré des obstacles réputés insurmontables, dans les voies saintes de la justice et de la vérité. Il n'étend pas non plus

son influence sur tout son siècle. Comme
saint Bernard , il n'agite pas devant les géné-
rations qui lui sont contemporaines , l'étendard
sacré de la croix , les entraînant à sa suite à
la délivrance du tombeau du Christ [1]. Un
pape, dit-on, laisse tomber sur lui un regard
d'affection paternelle ; mais, tout en admirant
saint Roch , il ne voit pas en lui , comme en
saint François et saint Dominique, une des
colonnes qui doivent soutenir l'édifice si
lourd de l'Église de Dieu.

« Le *miraculeux guérisseur* » n'a pas même
le rayonnement de cette jeune reine , dont
M. de Montalembert nous a laissé le portrait si
ressemblant , portrait que nous comparerions
volontiers à ces miniatures antiques , se déta-
chant, pleines de grâce et de suavité , sur un
fond d'or. La chère sainte Élisabeth, « par sa
famille , son nom , s'est trouvée liée de loin
ou de près à une foule d'événements de son
temps. »

---

[1] *, Vexillo sanctæ crucis cum excelso studio in ardenti
amore Filii Dei capiens homines, ad bella pugnanda
in chistianâ militiâ.* (Opera Sanctæ Hildegardis abbatis;
Mign., t. CXCVII, p. 189.)

Autre est la destinée du fils de Jean et de Libère. Il passe, pour ainsi parler, à côté de ses contemporains. Pèlerin, il traverse le monde avec une promptitude qui étonne et déconcerte. Toutefois, dans cette course rapide, sa sainteté se dévoile suffisamment pour laisser dans toutes les mémoires l'impérissable souvenir d'héroïques vertus et d'éclatants miracles. Il semble que Dieu ait voulu lui donner une existence complètement en harmonie avec les humbles désirs de son cœur.

Si Roch a fait du bien aux hommes, il a été ignoré d'eux jusqu'après sa mort. Son nom, sa patrie, les détails de son existence saintement vagabonde, ne furent connus que de Dieu et de ses anges. Aussi, quand après de longs siècles, l'hagiographe essaie de reproduire sa douce figure, son embarras est extrême, tant les ombres sont épaisses....

En dépit de ces ténèbres qui l'environnent, saint Roch ne laisse pas que de se recommander encore à l'attention de l'histoire et de mériter son intérêt. Notre Bienheureux, en effet, n'échappe pas à la loi commune; comme tout homme, il porte sur son front le signe de son siècle ; il en reflète un des côtés, qui n'est ni le moins poétique , ni le moins glorieux. Dans sa personne, apparaît ce que, dans la langue si chrétienne de ces âges de foi , on appelait le *pèlerin du bon Dieu*.

Aujourd'hui , lorsque dans nos cités , un voyageur ayant bourdon et panetière se présente , on le regarde avec curiosité , le plus souvent avec méfiance. A peine si ses habits poudreux , ses traits décharnés et ses pieds meurtris par les fatigues de la route peuvent faire oublier sa condition de pèlerin et émouvoir quelque âme compatissante. Qu'il eût été différemment accueilli au moyen-âge ! On l'eût reçu avec les marques du plus profond respect. Les portes des châteaux se fussent ouvertes devant lui ; les plus grands seigneurs eussent regardé comme une espèce de félonie de lui refuser l'hospitalité. Choyé par tous , assis à la table du chapelain , il eût été considéré comme un envoyé du ciel. Il ne faut pas s'en étonner : l'Église, tout la première , n'avait-elle pas donné le signal ? Nous la voyons, vigilante protectrice de toute idée généreuse , consacrer ce respect des pèlerins par ses ordonnances et sa conduite ;

et entourer leur départ de cérémonies solennelles, qui impressionnaient vivement la foule.

Quand l'Évêque leur avait permis de faire le saint voyage, ils recevaient des mains du prêtre le bourdon et la panetière bénite. Le suzerain de qui ils dépendaient leur donnait une charte ou passeport [1]. Leurs parents et

---

[1] Tous les pèlerins étaient obligés d'emporter de leur prince ou de leur évêque une lettre de recommandation ou passeport de pèlerin. En voici la formule:

CHARTE DE VOYAGE

« A tous les Saints, aux vénérables frères, aux
» rois, aux seigneurs, aux évêques, aux comtes, aux
» abbés, etc..., et au peuple chrétien en général, tant
» des villes que des campagnes et des monastères. Au
» nom de Dieu, nous faisons savoir à Votre Grandeur,
» où à Votre Sainteté, que le porteur des présentes
» chartes, notre frère, nous a demandé la permission
» d'aller paisiblement en pèlerinage (ici on mettait le
» nom du lieu), ou pour réparer ses fautes, ou afin de
» prier pour notre conservation ; c'est pourquoi nous
» lui avons expédié ces présentes lettres, dans les-
» quelles en vous présentant nos salutations, nous
» vous prions, pour l'amour de Dieu et de S. Pierre,
» de le recevoir comme votre hôte, et de lui être utile,
» soit en allant, soit en revenant, de manière qu'il

le clergé de leur paroisse les conduisaient en procession , priant et bénissant , jusqu'aux limites du territoire où ils étaient nés. A leur retour , on allait au devant d'eux ; on rendait grâce au ciel par de pieux cantiques, et si le pèlerin revenait de Terre-Sainte, il rapportait au prêtre une palme de Jéricho , comme un emblème significatif de son voyage heureusement accompli [1]. Ainsi rehaussée par les bénédictions et les prières de l'Église, la condition des pèlerins paraissait auguste et grande aux peuples du moyen-âge. Un véritable

---

» retourne sain et sauf dans ses foyers ; et , comme » c'est votre bonne coutume , faites-lui passer des » jours heureux. Que le Dieu qui règne éternellement » vous protège et vous garde dans son royaume. Nous » vous saluons vous tous avec la plus entière cor- » dialité ! » Ici l'Évêque ou le Seigneur apposait son sceau. (Convent. de Bign. dans le cap. Baluz., t. 2, p. 503.)

[1] *Cum peregrinus, acceptâ in parochiâ suâ licentiâ, cum cruce et aquâ benedictâ et processione extrâ parochiam conducitur pergens Hierusalem , Romam vel sanctum Jacobum vel in aliam peregrinationem per crucem signatorum* (Consuetudo norman., cap. 94 , apud Ducange , v. *Peregrinatio. Palmas testes peregrinationis suæ a Jericho tulerat, altari superponi rogavit* (ibid.)

culte leur était voué. Tout chevalier et tout homme d'armes se faisait un devoir de les protéger et les traitait avec autant d'égards que la veuve et l'orphelin. En temps de guerre, on les vit traverser les champs de bataille et voyager sans crainte au milieu des plus redoutables armées. Deux intrépides milices, celles des Hospitaliers et des Templiers, furent créées tout exprès pour leur venir en aide. La charité des fidèles s'étudiait à leur adoucir la longueur de la route et les difficultés du voyage. Dans cette pieuse pensée, des rois, des princes, d'opulents seigneurs, de riches marchands firent bâtir des hospices sur les rives des fleuves, au sommet des montagnes et surtout dans les endroits déserts [1]. En reconnaissance d'une hospitalité

---

[1] Le comte de Toulouse Raymond IV, et le seigneur de Montpellier Guillaume V, firent bâtir en Syrie, près de Tripoli, le château de Mont-Pèlerin ; là mourut et fut enseveli, en 1108, Godefrid, évêque de Maguelone :

Post mare transivit, loca contemplatus obivit.
Conditus in græmio, mons Peregrine tuo.

(Arnal. Verdal. ap. Labbe, *Nov. bibliot.* 1, 799.)

si généreusement offerte, les pèlerins devaient
réciter quelques prières : n'était-ce pas le
seul trésor qu'ils portaient le plus souvent
avec eux ? Mais là ne se bornaient pas les
faveurs qui leur étaient octroyées : aucun
droit de péage ne leur était demandé ; certaines villes [1] leur donnaient, par des statuts
particuliers, droit de passage sur la mer.
L'un d'eux, voulant s'embarquer à Alexandrie
pour la Palestine, et n'ayant point d'argent,
offrit, pour payer la traversée, un livre du
saint Évangile qui fut accepté avec joie. Dans
les monastères, un religieux avait la charge
spéciale de les recevoir avec la cordialité la
plus exquise [2]. Une fête avait été instituée en
leur honneur ; et, elle avait à Rouen une
solennité particulière. Dès la veille, l'antique
cathédrale était parée avec soin. On voyait
dans le chœur s'élever un vaste et magnifique
château, qui représentait ce délicieux séjour
d'Emmaüs où deux disciples avaient, par un
privilége ineffable, savouré tout à la fois la
conversation divine et le corps sacré du Sau-

---

[1] Marseille, par exemple.
[2] Ducange, *Glossarium*, voc. *Peregrinarius*.

veur. **Dès** le commencement de l'office, des clercs nombreux apparaissaient portant le costume de pèlerin. Ils se rangeaient autour du prêtre, et récitaient avec lui certains versets des **Psaumes.** Tout-à-coup le célébrant se levait, et marchant à grands pas, feignait de s'éloigner;... et les clercs de l'entourer aussitôt, de lui montrer avec leur bourdon le château d'Emmaüs, et de lui dire d'une voix suppliante : *Mane nobiscum, Domine*... Restez avec nous, Seigneur [1]...

Tel, dans ces siècles de foi naïve, le pèlerin se présentait aux regards des peuples. Il leur apparaissait comme un homme vénéré par l'Église; plus que cela, comme la vivante image du Sauveur Jésus. Il partageait avec les pauvres cette incomparable dignité de le représenter ici-bas, et c'était à bon droit, car s'il était dit, en l'Évangile, du Rédempteur du monde qu'il fut pauvre, il était dit aussi qu'il

---

[1] *Statim recedens sacerdos se longius ire, et peregrini festinantes, prosequentes eum destineant quasi ad hospitium invitantes et trahentes, baculis ostendentes castellum et dicentes : Mane nobiscum....* (Duc., *Glossarium*, voc. *Peregrinarius.*)

avait été pèlerin pendant les jours de sa vie
mortelle : *Tu solus peregrinus es in Jerusalem.*

Du reste, le pèlerin ne datait pas d'hier ;
son origine se rattachait aux origines mêmes
du christianisme. Les premiers qui aimèrent
le Sauveur Jésus furent les premiers pèlerins :
ne se faisaient-ils pas une pieuse habitude de
visiter son tombeau , de suivre la trace de ses
pas, et de revoir les objets qui pouvaient rappeler le souvenir de sa personne adorable ? Le
pèlerin avait donc d'illustres prédécesseurs :
c'étaient la vierge Marie, les Apôtres, tous les
Évêques et les pieux fidèles , qui, au rapport
de saint Jérôme, venaient déjà de son temps
en visite aux Saints Lieux [1] ; c'étaient toutes
ces âmes d'élite, qui, sans crainte des persé-
cutions, accouraient dès les premiers siècles

---

[1] *Longus est nunc ab ascensu Domini usque ad præ-
sentem diem per singulas ætates qui Episcoporum, qui
martyrum, qui eloquentium in doctrinâ ecclesiasticâ
virorum venerint Hierosolymam, putantes minùs se
religionis, minùs habere scientiæ, nec summam manum
accepisse virtutum, nisi in illis Christum adorassent
locis, de quibus primùm Evangelium de patibulo corus-
caverat.* (S. Hyeron., vid. *Thomassin.* — Ancienne et
nouvelle discipline, 2e part., liv. 3, c. 36.)

près de la tombe des bienheureux apôtres Pierre et Paul [1]; c'étaient ces innombrables et fervents voyageurs, qui se rendaient incessamment à Compostelle, et dont un large ruban d'étoiles, d'après la croyance populaire, dirigeait constamment la marche ; c'étaient non-seulement des individus, mais des familles, des provinces, des nations, que dis-je ? l'Europe entière, qui, au cri de *Dieu le veut!* faisait le pèlerinage du Saint Sépulcre, recon-

---

[1] A trois mille au-delà de la forêt Blanche, située sur la voie Cornélienne, une famille de pèlerins persans reposait bien loin de son pays natal : Marius, Marthe, sa femme, et leurs fils Audifax et Abachum étaient venus à Rome du fond de l'Asie pour y prier, ou, suivant l'expression du texte grec, pour accomplir un vœu. C'était sous le règne de Claude le Gothique dans le IIIᵉ siècle. Nous trouvons vers la même époque un autre exemple de pèlerinage à Rome : Maure, qui fut martyrisé sous l'empereur Numérien, était parti de l'Afrique pour visiter les tombeaux de S. Pierre et de S. Paul. Cette dévotion, inventée au gré de quelques écrivains dans les sacristies du moyen-âge, avait déjà commencé, comme on le voit, d'assez bonne heure, jusque sous les tentes de la Numidie ou de l'Egypte, et au-delà de Babylone sous les palmiers de l'Orient. (Gerbet., Esquisse de Rome chr., ch. 3.)

naissant en lui la source de la lumière et le berceau de toute vraie civilisation [1].

D'ailleurs, l'idée qui avait produit le mouvement des pèlerinages était trop noble, trop élevée pour ne pas grandir, et environner d'une espèce d'auréole ceux qui la réalisaient avec courage et dévouement. En voyant pendant de longs siècles, de riches seigneurs qui abandonnent leurs châteaux, de nobles dames qui délaissent leurs habitudes de luxe et de plaisir, de jeunes hommes qui s'arrachent aux douceurs du foyer domestique, d'illustres prélats qui renoncent aux honneurs dus à leur rang éminent [2], pour se faire pauvres pèle-

---

[1] Michaud, *Histoire des Croisades.*

[2] Parmi les pèlerins que l'on trouve de siècle en siècle, sur la route de Rome ou de Jérusalem, nous aimons à citer : les impératrices Ste. Hélène et Euxodie, la première mère de Constantin-le-Grand, la seconde femme de Théodore le jeune ; — Porphyre, évêque de Gaza (à la fin du IVe siècle); — S. Antonin au VIIe ; — S. Willibrod au VIIIe ; — L'illustre Raban-Maur, évêque de Mayence, au IXe ; — sous le règne de Charles-le-Chauve, le moine Bernard ; et sous celui de Hugues Capet, S. Fulcran de Lodève. — En 998, le savant Gerbert, alors archevêque de Ravenne, et depuis pape,

rins et se vouer, comme tels, à toutes les fatigues, à toutes les privations, on se demande quel mobile a poussé ces âmes généreuses, et quel attrait a été assez puissant pour les enlever à leur pays et leur faire entreprendre ces courses pénibles et lointaines. A cette question, l'histoire ne trouve qu'une réponse : l'amour de Jésus-Christ ! Les pèlerinages étaient, avant tout, un acte de dévotion. Voilà la pensée qui brille comme une étoile lumineuse au-dessus de la tête des pèlerins, et qui peut, à l'avance, nous fixer sur la direction qu'ils vont prendre. Pareils aux rois mages, ils cherchent le Sauveur du

---

sous le nom de Sylvestre II. — En 1064, Gunther, évêque de Bamberg, et Sigefroid, de Mayence ; — en 1085, le comte de Flandre, Robert-le-Frison, en compagnie de Bérenger II, comte de Barcelone ; — à la même époque, Pierre l'Hermite, à qui les lieux-saints furent redevables un moment de leur délivrance. Plus tard, c'est Ida de Louvain, femme du valeureux et infortuné comte de Hainaut ; — puis, Sigur, prince de Norwège (1110) ; — S. Dominique et l'évêque d'Osma ; Ste. Brigitte de Suède, sur la fin du XIIe siècle. Au commencement du XVIe, Ste. Angèle-Mérici ; et de nos jours, le B. Benoît Labre.

monde ; et c'est pourquoi ils se dirigent de préférence vers Jérusalem et vers Rome. A Jérusalem, c'était le Christ mourant pour eux ; à Rome c'était le même Christ vivant pour eux, et se perpétuant dans la personne de son vicaire ; à Jérusalem, c'était le soleil de toute vérité qui se couchait et disparaissait dans la tombe ; à Rome, c'était ce même soleil, dissipant les épaisses ténèbres du sépulcre, pour se lever avec un nouvel éclat, sur le monde catholique, dans la personne de Pierre et de ses successeurs. Rome et Jérusalem étaient donc les deux centres préférés des fidèles : ils avaient à cœur de ne point séparer dans leur affection ces deux cités-mères, que Dieu avait si profondément unies dans l'histoire du monde et dans l'œuvre de la rédemption des peuples.

Un itinéraire qui date des premières années du IVe siècle [1], nous indique les routes que

---

[1] *Itinerarium a Burdigala Hierusalem usque, et ab Heracleâ per urbem Romam Mediolanum usque.* Il a été composé vers l'an 333 de l'ère chrétienne.

A cette première preuve, il convient d'ajouter la suivante que nous extrayons de l'encyclique dont

prenaient les pèlerins pour se rendre en ces deux villes. On les suit comme pas à pas dans les différentes contrées qu'ils parcourent ; on prête l'oreille aux réflexions naïves que leur suggère et la nouveauté des sites et l'aspect singulier pour eux des pays qu'ils traversent. Mais dès qu'ils arrivent aux environs de Jérusalem et de Rome leur langage change ; leur parole s'émeut ; la curiosité fait place à la foi, la surprise à l'admiration ; il semble qu'ils ne trouvent plus, dans les langues humaines, de terme qui soit et assez fort pour exprimer les émotions profondes de leur âme et assez doux pour redire les larmes délicieuses qui coulent de leurs yeux.

Dans une lettre à Eustochium, S. Jérôme a essayé de retracer ces joies intimes des pieux voyageurs : « Paule, nous dit-il, visita avec tant d'ardeur et de zèle tous les lieux de la ville sainte, que le désir seul de ceux

---

S. Grégoire VII fit donner lecture au Concile Romain de l'an 1074. — « .... Par tous les pèlerins, est-il dit dans cet acte pontifical, qui *reviennent d'Orient pour s'agenouiller au tombeau des Apôtres*, nous apprenons que la race des infidèles a prévalu contre l'empire chrétien..... »

qu'elle n'avait point encore vus était capable de l'arracher à ceux où elle était. Prosternée devant la croix, elle adora le Seigneur comme si elle l'y eût vu attaché. Et puis, pénétrant dans le sépulcre, elle baisa la pierre de la résurrection, la pierre que l'ange écarta de l'ouverture du tombeau. Et quand on lui montra le lieu même où avait reposé le corps du Seigneur, sa bouche le pressa de ses lèvres, comme si elle eût voulu se désaltérer à des eaux longtemps désirées. Ce qu'elle versa de larmes, ce qu'elle poussa de gémissements, ce qu'elle sentit de sainte douleur, Jérusalem entière le sait; et aussi le Seigneur, devant qui elle versait ses prières. De là elle monta à Sion.... Là, on montra à Paule cette colonne qui soutient le portique d'une église, et qui est teinte du sang de J.-C.; car c'est-là, dit-on, qu'il fut attaché et flagellé. On lui montra encore le lieu du cénacle où l'Esprit-Saint descendit dans les âmes de cent vingt croyants, afin que fût accomplie la prédiction de Joël....

... Puis, étant entrée à Bethléem, Paule visita la crèche du Sauveur. Quand elle vit la sainte retraite de la Vierge et l'étable où « le bœuf avait connu celui à qui il appartenait ».. elle protesta en ma présence qu'elle voyait, comme si elle les eût eus sous ses yeux, l'enfant enveloppé de langes, le Seigneur vagissant dans l'étable, les mages l'adorant, l'étoile brillant sur la crêche, la Vierge devenue mère, Joseph lui prodiguant ses soins, les pasteurs venant pendant la nuit voir la vérité du Verbe qu'ils avaient entendue, premiers témoins de ces paroles de S. Jean l'évangéliste: « *Au commencement était le Verbe et le Verbe s'est fait chair.* » Il lui semblait voir aussi les petits enfants massacrés, Hérode transporté de fureur, Joseph et Marie fuyant en Égypte; puis, elle disait avec une joie entremêlée de pleurs : Salut, Bethléem « maison de pain », dans laquelle est né celui qui est le pain descendu du ciel. Salut, Ephrata, terre abondante et fertile, dont Dieu même est le fruit [1]. »

Certes, la description est belle; elle vient d'un saint et d'un homme de génie qui n'a eu, du reste, qu'à poser la main sur son cœur pour retrouver toutes les émotions

---

[1] *Epistola XXX ad Eustochium virginem. Epitaphium Paulæ matris.*

suaves du pèlerin, et cependant elle est bien au-dessous de la réalité.

La joie des chrétiens, qui visitaient les saints lieux, est inexprimable. Ils ne s'arrachaient qu'avec peine, disent les chroniques du temps, à ces contrées toutes remplies des souvenirs de l'Évangile, et qui semblaient garder encore l'empreinte auguste des pas de J.-C. Leur plus grande félicité, et ce qu'ils demandaient au ciel comme la récompense suprême de leurs fatigues, était de mourir à l'exemple du Rédempteur, en la cité bénie. Raoul Glaber nous a conservé le pieux récit d'une de ces morts privilégiées. C'était en l'année 1012, un pèlerin burgonde, du diocèse d'Autun, qui portait nom Lethbald, était venu en Palestine. Après avoir visité tous les lieux saints, il se rendit au mont des Oliviers, d'où Notre Seigneur était remonté dans les cieux, au jour de son Ascension glorieuse. Là, il se prosterna à terre, les bras en croix, et dans un recueillement, qui avait toute la majesté et la douceur de l'extase. Il pria longtemps dans cette attitude ; après quoi il se releva, les mains étendues vers le ciel, et ceux qui l'entouraient ouïrent ces paroles : « Seigneur, si je dois mourir en cette année, je supplie votre toute-puissante miséricorde de m'octroyer la faveur insigne de terminer mes jours en vue de cette montagne sainte de votre Ascension ». Ayant ainsi parlé, il revint à ses compagnons dans l'hôtellerie.

Or, c'était l'heure du dîner. Lethbald laissa les autres se mettre à table, et s'étendit sur son lit. Un doux sommeil ne tarda pas à clore ses paupières, ou plutôt une vision céleste ravit ses sens. On l'entendit tout-à-coup s'écrier : « Gloire à vous, ô mon Dieu ! Gloire à vous ! » Ses compagnons vinrent vers lui, le réveillèrent et le pressèrent de nouveau de prendre quelque nourriture. Il la refusa disant qu'il se sentait un peu incommodé. Vers le soir, il demanda à recevoir le sacrement de l'Eucharistie vivifiante ; ce fut son viatique pour l'éternité : il s'endormit aussitôt dans le Seigneur. Son pèlerinage n'avait point été comme tant d'autres inspiré par une vaine curiosité ; il était venu à Jérusalem pour y trouver la patrie céleste. A leur retour, ses compagnons firent connaître sa bienheureuse mort, et j'en ai entendu le récit de leur bouche , dit Raoul Glaber , alors que je me trouvais au monastère de Bèze [1].

Ceux qui n'obtenaient pas, comme le pèlerin burgonde , la faveur de mourir en la terre privilégiée qui garda pendant quelques jours les dépouilles augustes de l'Homme-Dieu , ne quittaient Jérusalem qu'en versant des larmes. Une seule pensée pouvait adoucir l'amertume des adieux qu'ils lui adressaient : c'était la pensée de cette Jérusalem nouvelle que les desseins de Dieu avaient substituée à l'antique cité de Sion. Ils entrevoyaient Rome au-delà des mers et la saluaient déjà comme l'unique objet de leurs espérances ! Ils s'y rendaient en chantant des cantiques , n'ayant pour défense contre les attaques des méchants que le signe de la croix attaché sur leur poitrine, et pour tout guide que les anges du ciel. Et quand d'un sommet élevé ils apercevaient au loin les clochers, les tours et les remparts de la capitale du monde chrétien, quand après avoir ébloui les yeux de leurs corps , Rome étalait, au regard de leurs âmes, les

____

[1] Rodulf. Glaber, *Histor. Patrol. lat.* tom., CXLII, col. 68.

gloires autrement supérieures dont le Christ l'avait dotée, les pèlerins tombaient à genoux. Et se souvenant de tout ce qui avait été enseigné, souffert et accompli dans cette ville éternelle, dans ce centre autour duquel, depuis des siècles, gravite l'histoire du monde, un hymne s'échappait involontairement de leurs lèvres, ils s'écriaient :

« O Rome, ville noble par excellence, à cause de la pourpre de tes martyrs et de l'éblouissante candeur de tes vierges, ô Rome, je te salue, ô Rome, je te bénis [1]. »

Quoique le tombeau du Christ et la confession du bienheureux Pierre attirassent

---

[1] Hymne des pèlerins au moment où ils apercevaient Rome :

<table>
<tr><td>

1

O Roma nobilis
Cunctarum urbium
Roseo martyrum
Albis et virginum
Salutem dicimus
Te benedicimus

2

Petre, tu præpotens,
Vota præcentium
Cùm bis sex tribuum
Factus placabilis,
Teque precantibus
Ferto suffragia.

</td><td>

3

O Paule, suscipe
Cujus philosophos
Factus æconomus
Divini muneris
Ut, quæ expleverat
Ipso nos repleas

4

Orbis et domina
Excellentissima,
Sanguine rubea
Lilliis candida :
Tibi per omnia
Salve per sœcula!

</td></tr>
</table>

plus particulièrement les pèlerins à Jérusalem
et à Rome, souvent d'autres mobiles les y
amenaient : c'était quelquefois le désir de
posséder de saintes reliques. Ils savaient que
la Providence avait accumulé dans ces deux
villes, tous les trésors de l'antiquité chrétienne et les ossements vénérés des martyrs.
Or, les pèlerins se faisaient une gloire de
pouvoir en rapporter dans leur patrie quelques
parcelles sacrées qui devenaient l'ornement
et la richesse des églises, et sur lesquelles
les rois les plus puissants juraient de res-
pecter la vérité et la justice [1]. Il n'était pas

5

Cœlorum claviger,
Exaudi jugiter ;
Sederis arbiter
Judica leniter
Nunc temporaliter
Misericorditer !

6

Nostra precamina
Vicit industria ;
In domo regia
Appone fercula ;
Te sapientia
Tua per dogmata !

(Hurter, *Tableau des inst. de l'Égl. au moyen-âge*, t.3.)

[1] « Les princes et les grands entreprenaient des
voyages en Palestine, dans l'espoir de revenir chargés
de précieuses reliques. Les Evêques s'en procuraient
avant de retourner dans leurs diocèses et en donnaient
à leur propre église, à leurs amis, à des couvents
qui leur avaient offert l'hospitalité pendant leur voyage.
(Hurter, *Tableau des institutions de l'Église au moyen-
âge*, tom. 3, chap. 32.

de ruse, de stratagème qu'ils n'employassent pour s'en procurer ; ils ne reculaient pas même devant le vol. Ils ajoutent, dans de naïves légendes, que le ciel semblait se mettre de connivence avec eux, et sourire à leurs pieux larcins. « Adonc, nous dit un ancien chroniqueur en parlant de Foulques-le-Noir, comte d'Anjou, s'approche le comte pour ce saint sépulcre baiser, et lors la clémence divine montra bien qu'elle avoit le bon zèle du comte pour agréable, car la pierre du sépulcre, qui dure et solide estoit, au baiser du comte devint molle et flexible comme cyre chauffée au feu. Si mordit le comte dedans et en apporta une grande pièce à la bouche, sans que les infidelles s'en apperçussent ; et, puis après, tout à son aise visita les autres saints lieux [1]. »

De Rome on racontait des choses non moins merveilleuses. Entre ces récits, nous choisissons, comme un des plus attachants, celui qui concerne l'ami de S. Eugène III et le disciple d'Isidore de Séville, Taïo. On l'avait surnommé le pèlerin de Rome, tant il aimait

---

[1] Glaber.

à visiter la ville éternelle. Étroitement uni à S. Braulio, il dut à ses vertus et à ses talents de le remplacer sur le siége de Saragosse. « Or il advint, lors du 7ᵉ concile de Tolède, que Taïo fut chargé par les Pères de se rendre de nouveau à Rome, pour y compléter la collection des ouvrages de S. Grégoire-le-Grand, et en particulier du livre des Morales dont il n'avait pu se procurer auparavant que la première partie. Au moment où l'Évêque de Saragosse arriva dans la ville éternelle, le pape S. Martin Iᵉʳ venait d'inaugurer son pontificat (649); il réunissait contre le Monothélisme les textes des Docteurs et des Pères qui devaient être cités au concile de Latran. La requête de Taïo, demandant communication des manuscrits de S. Grégoire, fut très-favorablement accueillie par le Pape. Mais le manuscrit ne se trouvait pas; les bibliothécaires du Saint-Siège firent d'inutiles recherches dans les archives, et les jours s'écoulaient sans résultat. Un matin, Taïo se rendit près du Pontife, entra avec lui dans la bibliothèque, et lui montrant du doigt un écrin (*scrinium*): « C'est là, dit-il, que se trouve le manuscrit de S. Grégoire-le-Grand. » On ouvrit l'écrin : il contenait en effet la seconde partie des Morales ou Commentaires de S. Grégoire sur le livre de Job. « Comment avez-vous pu être si bien renseigné ? demanda le Pape. » — « La nuit dernière, répondit l'Évêque, je priai les Ostiarii (*portiers*) de me laisser veiller sur le tombeau du bienheureux Pierre, prince des Apôtres. Ils y consentirent. J'implorais avec larmes son intercession, lorsque au milieu de la nuit, la Basilique fut tout-à-coup remplie d'une lumière si resplendissante, qu'elle faisait disparaître celle des lampes allumées autour du tombeau. Aux chants d'une psalmodie céleste, je vis entrer dans l'église des bataillons de Saints. Un frisson de terreur parcourut mes veines. Dans l'épouvante je me prosternai privé de tout sentiment. Bientôt je revins à moi : deux vénérables vieillards m'avaient relevé et me parlaient avec une douceur ineffable. « Quel motif vous amène ici et vous a fait affronter les fatigues d'une périlleuse navigation ? » me demandèrent-ils. Sur ma réponse, ils me désignèrent si clairement le lieu où étaient les manuscrits cherchés, que je croyais le voir ; et en effet, je le voyais tel

qu'il s'offre maintenant à mes regards. A mon
tour, j'osai demander quels étaient ces bataillons de Saints qui remplissaient la basilique. Il me fut répondu que c'était tout le
cortége des pontifes Romains, successeurs de
S. Pierre, entourant le prince des Apôtres
et Paul, le docteur des nations. Enhardi par
la bienveillance des deux augustes vieillards :
« Vous-mêmes, qui êtes-vous ? » leur dis-je.
Un seul me répondit en ces termes : « Je suis
Grégoire, dont tu es venu chercher les ouvrages. » Après ce récit, le pape prodigua à
Taïo les témoignages de la plus sincère vénération. Il mit à ses ordres des copistes pour
reproduire le manuscrit si miraculeusement
retrouvé. A son retour en Espagne, Taïo
composa en cinq livres, sous le titre de *Sen-
tentiæ*, un résumé complet des œuvres de
S. Grégoire le-Grand [1]. » En vérité, devant
de tels prodiges, et quand Dieu donnait aux
pèlerins des marques si nombreuses, si éclat-
tantes de son approbation divine, comment
leur profession n'eût-elle pas été en honneur ?

---

[1] *Taion visio. Patr. lat.*, tom. LXXX. coll. 970. —
Ibid. col. 731

Aussi les pères y vouaient leurs enfants dès le berceau ; et le premier devoir de ceux-ci, sitôt qu'ils en étaient capables, était d'accomplir la promesse de leurs parents.

L'Église, à son tour, imposait les pélerinages comme une expiation des fautes ; elle les substituait aux peines canoniques qu'on donnait autrefois. Si la faute était légère, on visitait quelque sanctuaire vénéré dans la contrée : il n'était pas de pays qui n'eût sa Madone ou son Saint de prédilection. Si le crime était énorme, le coupable se rendait à Rome, à Jérusalem ou à Saint-Jacques de Compostelle [1]. Quel que fût son rang, il était obligé de porter des chaînes, de se couvrir de cendres et d'imiter la vie errante et vagabonde de Caïn, le premier des malfaiteurs [2].

---

[1] *Peregrinationes verò que in pœnam indicebantur, aliæ majores, minores aliæ nuncupabantur ; quæ ad S. Jacobum, Romam et Jerusalem dirigebantur, majores vocabant ; minores, quæ versabantur in invisendis oratoriis intrà provinciam aut regnum positis. Habitá autem criminum ratione durior aut levior erat peregrinatio.* (Ducange, *Glossarium,* voc. *Peregrinatio.*)

[2] *Qui majora crimina, putà homicidium, perpetraverant, ferreis vinculis constricti per loca sancta peregrinari jubebantur.* (Ibid..)

Il n'était pas de forfait qu'un tel pèlerinage ne pût effacer, parce qu'il n'était pas, semblait-il, d'œuvre expiatoire qui réunît autant d'éléments de souffrances. Les pèlerins avaient à endurer l'inclémence de l'air, les difficultés de la route, les menaces et les vexations des infidèles. Heureux s'ils ne se décourageaient point et s'ils avaient assez de cet esprit chrétien qui faisait dire à Robert, duc de Normandie : « Je mets plus de prix au maux que je souffre pour J.-C., qu'à la meilleure ville de mon duché. » Beaucoup étaient arrêtés par les musulmans, traités par eux comme de vils esclaves, et jetés dans les fers jusqu'au jour où un riche seigneur ou un ange du ciel, sous la forme d'un religieux, venait dans ces contrées et payait leur rançon ; d'autres, plus heureux, arrivaient jusqu'à la ville de Sion, mais ses portes ne s'ouvraient point devant eux [1].

---

[1] En Egypte, le frère Bernard vit un grand nombre de chrétiens retenus dans les fers, parce qu'ils n'avaient pu acquitter le tribut imposé (13 deniers); ils y restaient jusqu'à ce qu'un ange envoyé de Dieu les délivrât, ou qu'ils fussent rachetés par quelque chré-

Pour en franchir le seuil, il eût fallu payer une pièce d'or, et comme la plupart étaient pauvres ou qu'on les avait dépouillés en chemin, ils erraient tristement autour de la cité sainte pour laquelle ils avaient tout abandonné. Un grand nombre périssait en route par la faim, la soif, la nudité et le glaive des Sarrasins. Le savant Hurter nous dit, qu'en l'année 1065, sur 7,000 pèlerins qui sortirent d'Allemagne, 2,000 seulement y rentrèrent [1].

Cette existence, toute remplie de sacrifices, tentait de préférence les grands coupables. Toujours sous la direction de l'Eglise, ils s'y lançaient avec une généreuse ardeur. En 868, un seigneur breton, nommé Frotmond, meurtrier de son oncle et du plus jeune de ses frères, fit trois fois ce voyage dans la même pensée. En 1075, le préfet Cencius, qui avait indignement attenté à la vie de S. Grégoire VII,

---

tien charitable. Il y avait à Alexandrie une sorte de communauté instituée pour remplir ce saint devoir. (Michaud. *Hist. des Croisades.*)

[1] *Tableau des institutions de l'Église au moyen-âge,* tom. 3, chap. 32.

se rendit aux saints lieux, pour expier son crime. Le père de Guillaume-le-Conquérant accomplit cette pénitence au commencement du xi⁰ siècle. A cette époque, le comte d'Anjou Foulques, dont nous avons déjà parlé, prit l'habit de pèlerin pour expier, dit-on, la mort violente de sa première épouse et le meurtre de plusieurs de ses sujets. Il vint à Jérusalem, parcourant les rues de la ville, la corde au cou, battu de verges par ses serviteurs et répétant à haute voix ces paroles : « *Seigneur, ayez pitié d'un chrétien infidèle et parjure, d'un pécheur errant loin de son pays!* » Ainsi, près du tombeau du Christ et des Apôtres accouraient les saints et les pécheurs, l'innocence et le repentir. C'était, à travers les âges, comme la reproduction de cette page de nos livres sacrés où l'Évangéliste nous montre S. Jean et Stc. Madeleine s'empressant d'arriver les premiers à la tombe du Rédempteur.

Il ne faudrait pourtant pas croire que tous les pèlerins partissent avec des motifs aussi. élevés. Un historien du temps, Jacques de Vitry., nous en signale plusieurs, qui ne venaient en Palestine que pour faire du négoce [1]. Altérant la noble pensée des pèlerinages, ils la rabaissaient au niveau d'une entreprise vulgaire et profane; ils substituaient à la vénération des lieux saints tout le tracas des affaires. Ils accouraient pour acheter du vin de Gaza qui était fort en renom à la cour de France, ou bien encore les soies et les pierreries d'Orient, dont les grands et les seigneurs aimaient à se faire de brillantes parures [2]. D'autres étaient entraînés par un amour excessif de liberté, ou une curiosité vaine; c'était pour fuir les austères obligations du cloître, les labeurs quotidiens du foyer domestique, pour changer de pays, voir de nouveaux cieux et de nouvelles terres, ou pour recueillir des traits de mœurs et de piquants récits propres à intéresser leurs compatriotes [3]. D'aucuns se mettaient en route, dans la persuasion qu'un tel voyage leur assurait la sainteté, et ouvrait infailliblement devant eux les portes

---

[1] *Alii causâ negociationis acti, alii causâ devotionis et peregrinationis.* (J. de Vitry.)

[2] Voir Grég. de Tours.

[3] Fleury, *Discours de l'an 600 à l'an 1100*.

du ciel. A quoi S. Augustin avait répondu par avance : *Ne méditez pas de tels voyages ; on va en J.-C. en l'aimant, non pas en naviguant* [1]. Ces exagérations d'une piété fausse furent toujours condamnées par l'Église. Ses évêques, ses conciles, ses docteurs ne cessèrent de s'élever contre les abus qui s'étaient glissés dans les pèlerinages, comme dans toute œuvre d'homme. Leurs enseignements conservèrent intacte et pure l'idée de ces voyages sanctifiants. Les légères exceptions, signalées par Jean de Vitry, ne suffirent point à la dénaturer ; pas plus que quelques feuilles desséchées, en tombant dans le lit d'un fleuve, ne détruisent la régularité de son cours et n'altèrent la transparence de ses eaux.

Le vrai pèlerin, le pèlerin du bon Dieu, protégé par l'Église et soigneusement distingué par elle des trafiquants, des curieux, des vagabonds, qui souvent empruntaient ses livrées ou usurpaient son nom, continua à passer dans le monde environné du respect

---

[1] *Noli longa itinera... ad eum enim qui ubique est amando venitur, non navigando.*

de tous. On saluait l'auréole de la sainteté [1] ou du repentir qui brillait à son front. On aimait à le retrouver dans les récits de la légende, « cette lecture des pauvres et des simples, cet Évangile paré à leur usage. »

Notre esquisse serait incomplète si nous ne disions un mot des bienfaits que ces pieux voyageurs répandirent, peut-être à leur insu.

Par leur intermédiaire, les peuples se mirent en communication ; des correspondances, qui remplaçaient nos services de poste [2], furent établies ; des routes tracées ; les hospices multipliés, et des ponts nombreux furent jetés sur les torrents et les fleuves. Les barrières naturelles qui séparaient les nations, tendirent à s'abaisser de jour en

---

[1] *Quatenùs præsens portitor ille radio inflammante divino, non (ut plerisque mos est) vagandi causâ sed propter nomen Domini itinera ardua et laboriosa parvipendens, ob lucrandam orationem limina S. Apostolorum Domini Petri et Pauli adire cupiens.* (Marculfe, lib. 2, form. 49, ap. Duc., *Gloss.*, v. *Peregrinatio*.)

[2] Pendant près de deux siècles, les pèlerins transmettaient les dépêches dans tous les pays du monde et faisaient, pour ainsi dire, le service de la poste aux lettres. (A. Monteil, *Hist. des Français des divers États.*)

jour: il y eut un échange plus rapide.et plus fréquent de sentiments et d'idées. La foi elle-même se réveillait sur leur passage. On se sentait meilleur après les avoir vus. Leur vie, marquée au coin de la pauvreté et de la souffrance, proclamait partout et toujours la supériorité de l'âme sur la matière ; de l'esprit sur les sens, de la beauté morale sur les intérêts mesquins et égoïstes d'ici-bas. Elle gravait au plus profond des consciences les convictions surnaturelles, la nécessité de la lutte et du sacrifice pour opérer l'œuvre de la régénération.

Et, quand venus de tous les points du globe, ils se réunissaient par milliers dans un centre de pèlerinage, il y avait là, comme un sublime rendez-vous des âmes, comme une prédication efficace et solennelle de cette fraternité catholique qui donne aux hommes une seule et même pensée, la pensée de l'Église ; un seul et même amour, l'amour de Jésus-Christ !

Le mouvement des pèlerinages fut donc salutaire et fécond pour la société. Si les peuples dans l'Écriture sont comparés aux grandes eaux, ne peut-on pas dire, que ces saintes pérégrinations exercèrent sur eux la même action que le flux et le reflux de l'Océan exercent sur les flots : ils les empêchèrent de se corrompre !

Dans cet entraînement général des nations vers les foyers d'où émane la vie surnaturelle, la France ne resta pas en arrière. Elle a, dans l'histoire des pèlerinages, sa large et glorieuse place. Catholique par sa vocation, et si je puis m'expliquer ainsi, par son tempérament, elle ne se contenta pas d'être le soldat intrépide de Dieu sur les champs de bataille : elle voulut en être encore l'infatigable pèlerin. On la vit avec Charlemagne visiter Rome, s'incliner sous la bénédiction du Vicaire du Christ, et recevoir de ses mains augustes la récompense la plus grande qui fut jamais.... Plus tard, nous la retrouvons sur les chemins de l'Orient ; et là, avec S. Louis, elle montrait aux fidèles ce qu'un peuple baptisé peut porter dans son âme de grandeur et d'héroïsme. Renouvelant ces antiques traditions, la France contemporaine nous a présenté, dans ces derniers temps, un spectacle non moins admirable. Meurtrie et ensanglantée par des désastres inouïs, elle s'est, dans un acte de foi sublime, levée de sa couche douloureuse pour s'agenouiller aux pieds de Jésus-Christ. Avec l'élite de ses enfants, elle est venue à Rome , à Paray-le-Monial , à Lourdes, à la Salette ; et, qui nous assure que dans des temps peu éloignés des nôtres, elle n'ira pas, portée sur des chars de feu, vénérer encore le tombeau du Sauveur ?...

A Rome, cette noble suppliante a réclamé des lèvres infaillibles du Pontife Romain la vérité qui tue l'erreur et démasque le mensonge ; à Paray-le-Monial , elle implorait du Cœur sacré de Jésus l'étincelle divine de la charité ; à Lourdes et à la Salette elle sollicitait de la bienheureuse Vierge la vigilante et maternelle tendresse qui embaume les plaies et cicatrise les blessures.

Eh bien ! c'est à cette France qui croit, qui aime, qui souffre ; c'est à ces pèlerins de notre âge , à ces fils d'une patrie bien-aimée, la plus enviable après celle des cieux , que je viens offrir la vie de *l'admirable pèlerin de Montpellier , Saint Roch* [1].

---

[1] Qu'il nous soit permis, à l'occasion des faits miraculeux qu'on rencontrera si fréquemment dans le cours

— XXXVIII —

Le livre où je la raconte n'est pas une
œuvre d'art, encore moins de science ; c'est
une œuvre de piété. J'ai voulu écrire à genoux

---

de cette histoire, de rappeler ici les considérations
suivantes de M. de Montalembert, dans son admirable
Introduction à la vie de Sainte Élisabeth. Expression
fidèle de nos pensées et de nos sentiments, ces lignes
pourraient être, au besoin, notre justification. « ...Nous
n'ignorons pas, que pour reproduire une vie pareille
dans toute son intégrité, il faut aborder de front tout
un ordre de faits et d'idées qui est depuis longtemps
frappé de réprobation par la vague religiosité des derniers temps, et qu'une piété sincère mais craintive a
trop souvent écarté de l'histoire religieuse. Nous voulons parler des phénomènes surnaturels qui sont si
abondants dans la vie des Saints, qui ont été consacrés
par la vie des Saints, qui ont été consacrés par la foi
sous le nom de miracles, et flétris par la sagesse mondaine sous le nom de légendes, de superstitions populaires, de traditions fabuleuses. Il s'en trouve un grand
nombre dans l'histoire d'Élisabeth. Nous avons cherché
à les reproduire avec la même scrupuleuse exactitude
que nous avons mise dans le récit de tout le reste de
sa Vie. La seule pensée de les omettre ou même de les
pallier, de les interpréter avec une adroite modération
nous eût révolté. C'eût été à nos yeux un sacrilége,
que de voiler ce que nous croyons la vérité pour com-
plaire à l'orgueilleuse raison de notre siècle ; c'eût été
une inexactitude coupable, car ces miracles sont

l'histoire de notre bien-aimé Saint, tout comme Fra Angelico peignait ses Madones. Aurai-je réussi? Je ne sais, mais le désire

---

racontés par les mêmes auteurs, constatés par la même autorité que tous les autres événements de notre récit... C'eût été enfin une hypocrisie, car nous avouons sans détour que nous croyons de la meilleure foi du monde à tout ce qui a jamais été raconté de plus miraculeux sur les Saints de Dieu en général, et sur Sainte Élisabeth en particulier. Ce n'est pas même une victoire sur notre faible raison qu'il nous a fallu remporter pour cela, car rien ne nous paraît plus raisonnable, plus simple pour un chrétien, que de s'incliner avec reconnaissance devant la miséricorde du Seigneur, quand il la voit suspendre ou modifier les lois naturelles dont elle a été seule créatrice, pour assurer et glorifier le triomphe des lois bien autrement hautes de l'ordre moral et religieux. N'est-il pas doux et facile de concevoir combien des âmes de la trempe de celle d'Élisabeth et de ses contemporaines, exaltées par la foi et l'humilité bien au-dessus des froids raisonnements de la terre, épurées par tous les sacrifices et toutes les vertus, habituées à vivre d'avance dans le ciel offraient à la bonté de Dieu un théâtre toujours préparé? Combien aussi la foi ardente et simple du peuple appelait, et si on l'ose dire, justifiait l'intervention fréquente et familière de cette force toute-puissante, que nie, en la repoussant, l'orgueil insensé de nos jours!... »

(Introduction à la vie de Ste. Élisabeth.)

vivement. Au reste, si mon pinceau inhabile n'avait point reproduit cette suave figure, je me consolerais par la pensée que Notre-Seigneur élève les bons désirs à la hauteur d'actes accomplis.

Clermont-l'Hérault, le 31 mai 1876.

SAINT ROCH

CHAPITRE 1er.

**De la naissance de notre Bienheureux,
et du signe merveilleux qu'il apporta lors de
sa venue.**

> *El ecce Elisabeth.... concepit filium in senec-
> tute suá.*   (S. Luc, 1.)
> Et voilà qu'Elisabeth a conçu un fils dans sa
> vieillesse.
>
> .... Au jour de son estre,
> Fut veu avoir empreint à son côté senestre
> Le caractère sainct de la très saincte croix.
>   (Fermeluys.)

En l'an de J.-C. 1295 [1], peu de temps
après que Philippe-le-Bel eut réuni le fief
épiscopal de Montpellieret à la couronne de

---

[1] Il n'y a rien de certain touchant l'année précise de
la naissance de S. Roch. En nous arrêtant à la date
de 1295, nous avons suivi l'opinion la plus accréditée.

France [1], vivaient dans l'antique cité des Guillems noble Jean Roch de La Croix [2] et sa femme Libère. C'étaient deux époux vraiment chrétiens, tout occupés de bonnes œuvres. Leur union était profonde, leur fortune considérable, et leurs concitoyens les tenaient en grande estime et honneur. En les voyant chacun disait : Oh ! qu'ils sont heureux !

Cependant un nuage de tristesse assombrissait leur intérieur en apparence si privilégié. Le bonheur n'est jamais complet dans ce monde, et Jean et Libère souffraient d'une peine vive : ils étaient avancés en âge et n'avaient pas d'enfant !

---

[1] Cette réunion eut lieu en vertu de la cession faite au roi Philippe IV par l'évêque Bérenger de Frédol, le 17 avril 1292. Pour l'intelligence de ce fait, rappelons en passant que notre ville se divisait alors en deux parts fort inégales, Montpellier et Montpellieret. La première dépendait des rois de Majorque, la seconde des évêques de Maguelone. — La cité Montpelliéraine ne passa complètement sous la domination des rois de France qu'en l'an 1349.

[2] Voir à la fin du volume la généalogie de la race de S. Roch.

Un jour, plus triste que d'habitude, — peut-être une mère était-elle assise près d'elle, tenant un enfant dans ses bras, — Libère s'agenouilla au pied de la « Majesté antique [1] de Notre-Dame des Tables », et mettant tout son cœur dans sa prière, elle dit : « O benoîte Vierge Marie, seul espoir des mortels, doux et agréable refuge des affligés ! j'implore ton secours, moi qui suis ta servante, je n'ai d'espérance que dans ta pitié et compassion pour moi. Je désire un enfant, non pour qu'il augmente notre patrimoine, mais pour qu'il donne tous ses biens aux pauvres, qu'il serve fidèlement ton divin Fils et qu'il ne craigne pas de subir la mort pour étendre la renommée de ton nom [2]. »

Et la benoîte Vierge et son fils Jésus

---

[1] On appelait ainsi une statue en bois, de couleur noire, en grande vénération à Montpellier, et qui, d'après la tradition avait été descendue du ciel par les Anges, et apportée de la Terre-Sainte à l'époque des croisades.

[2] Voir *Vita S. Rochi*, *auctore Francisco Diedo*, *civitatis Brixiensis præfecto*.

exaucèrent les larmes de cette mère. Ils lui firent comprendre que sa demande était accueillie. Pour lui en donner l'assurance, une voix suave comme celle d'un ange du Ciel s'écria : « O femme, Dieu t'a entendue ; un fils te sera donné ! [1] »

Et Libère, le cœur débordant d'allégresse, vint raconter à son digne époux la révélation céleste et les promesses octroyées d'en-Haut.

Au temps voulu, l'enfant prédestiné vint au monde. Ce fut une joie très-grande au ciel et sur la terre. Les parents et les voisins admirèrent la figure du nouveau-né ; jamais ils n'en avaient vu d'aussi délectable. Sur sa poitrine, et du côté gauche, une croix apparaissait : elle était de couleur rouge et profondément incrustée dans la chair [2]. Chacun voulait la voir, l'examiner, et d'antiques sou-

----

[1] .... *Vocem hanc angeli audivit :* « *O Libera, exaudivit Deus orationem tuam ; gratiam autem a Domino accipies...* » (Voir *Acta breviora, apud Boll.*)

[2] *Mater miræ pulchritudinis puerum et rubrâ cruce in pectore signatum conspicata obstupuit, summâque voluptate affecta est, existimans eum Deo fore gratissimum.* (Voir Diedo.)

venirs venaient à l'esprit : Autrefois de douces abeilles s'étaient posées sur les lèvres d'Ambroise et y avaient placé le miel de la plus suave éloquence. Cent ans auparavant, sur le berceau du petit pauvre d'Assise, François, une voix avait chanté : « La paix et le bien, la paix et le bien ! » Sur le front de Dominique, sa marraine avait aperçu une étoile radieuse..... Que serait donc cet enfant[1] que

---

[1] Saint Roch est certainement né à Montpellier. Cette assertion ne supporte plus aujourd'hui l'ombre d'un doute. Sans parler des témoignages unanimes de l'histoire locale, de la tradition, de la croyance universelle de l'Église, témoignages auxquels les Bollandistes adhèrent volontiers, qu'il nous suffise de citer à l'appui l'extrait d'un procès-verbal publié par M. Coffinières dans son *Étude historique sur Montpellier au xiv*e *siècle.* Dans cet acte « noble Isabeau de La Croix de la présent ville de Montpellier, relaissée (veuve) de Monsieur Me Philippe d'Isard, seigneur de Salagosse..... fait apparoir qu'elle et ses prédécesseurs en droite ligne sont issus de la tige, maison et famille du glorieux confesseur et chevalier de la milice de N.-S. Jésus-Christ, Monsieur *S. Roch de La Croix, originaire de la dicte présent ville de Montpellier...* » Procès-verbal contenant enquête devant le sénéchal de Montpellier sur la parenté de la maison de La Croix avec le glorieux S. Roch (4 mars 1636).

de semblables prodiges accueillaient dès son entrée dans le monde? Quand l'aurore étincelle de mille feux, on peut bien, sans être prophète, conjecturer un jour plein d'éclat et de sérénité... Aussi, tous les témoins de cette merveille se retiraient glorifiant Dieu de s'être souvenu de son peuple.

CHAPITRE II

Comment notre Bienheureux fut baptisé, et comment il s'exerçait en la vertu dès son bas-âge

> *Joannes est nomen ejus.*
> (S. Luc , I.)
> Son nom , c'est Jean.
>
> .... Il augmentoit toujours
> Du jeusne l'aspreté, de sorte que le cours
> De son âge enfantin étoit un exemplaire
> D'abstinence et vertu..........
>
> (Fermeluys).

Les cloches carillonnaient gaiement du haut de la vieille tour de Notre-Dame [1]. C'était

---

[1] Nous n'ignorons pas , qu'à cette époque , il n'y avait dans notre ville que deux églises paroissiales, Saint-Firmin pour Montpellier, Saint-Denis pour Montpellieret. Notre-Dame des Tables , malgré tout son éclat, n'était qu'une succursale de Saint-Firmin , où l'on pouvait administrer les sacrements , sous la subordination toutefois de la paroisse mère. (Voir *France pontificale* et Germain , *Notice sur l'ancienne église Saint-Firmin*). — Notre-Dame était située sur l'emplacement où s'élève le Marché-aux-Colonnes.

comme aux jours de solennité grande. Elles disaient la bonne nouvelle : le fils de messire Roch allait être baptisé.

Nombreuse fut l'affluence pour le baptême : nobles, bourgeois, petit peuple accoururent pour contempler l'*enfant du miracle.*

Le nom de Jean lui fut donné sur les fonts : c'était celui de son père ; et d'ailleurs, ce vocable tout de dilection convenait merveilleusement à celui qui devait avoir si grande charité.

Libère eut pour l'enfant l'amour ineffable d'une mère pour son premier né. Quoique frêle et délicate, elle voulut le nourrir elle-même de son lait [1]. « Elle ne permit pas qu'un sang étranger coulât dans ses veines ; elle le garda sur un sein où il ne pouvait puiser qu'une nourriture chaste et sur des lèvres où il ne pouvait entendre qu'une parole vraie [2]. » Elle entoura son berceau de sa piété, de son dévouement, de ses affectueuses caresses. Comme

---

[1] *Infantem... Licet nobilis et delicata lactavit atque aluit, cœterosque nutricis labores non invita subivit.* (Acta breviora).

[2] Lacordaire, *Vie de S. Dominique.*

elle l'avait conçu dans ses entrailles pour la vie temporelle, elle le concevait dans son cœur pour le faire naître à la vie éternelle [1]; et ses impressions pieuses s'insinuaient tout doucement dans l'âme de son fils. C'est ainsi qu'il ne prenait, les mercredi et vendredi, qu'une seule fois le sein, Libère ayant accoutumé, pour honorer la douce Vierge, de ne faire en ces jours qu'un seul repas [2]. Sa dévotion pour la Madone était singulière, jusque là qu'il suffisait pour calmer ses colères enfantines de lui en montrer l'image vénérée. Sa mortification était également surprenante. On l'aurait pris à cinq ans pour un pénitent consommé. Il s'ingéniait à tourmenter son petit corps, l'exposant à la rigueur piquante du froid, l'exténuant par le jeûne et les veilles. Une science aussi sublime de la mortification dans un âge aussi tendre confondait tout le monde. Saint Paul, disait-on, avait apparu au jeune Roch et

---

[1] *Quæ me parturivit: et in carne ut in hanc temporalem, et corde ut in æternam lucem nascerer.* (Confess., lib. IX, cap. 8.)

[2] Diedo, cap. 1, N° 8, apud Boll.

l'avait initié lui-même aux austères joies de la souffrance [1].

Son amour de la prière n'était pas moindre, souvent on le surprit à genoux sur le pavé de sa chambre ; ses petites mains jointes, ses yeux levés au ciel, il priait de tout son cœur. Une douce extase semblait l'envahir dès qu'il se mettait en la présence de son Dieu. Et cette union à Dieu n'altérait en rien l'amabilité de son caractère, le charme de ses rapports. Il devenait en grandissant de plus en plus cordial et affable. Le timbre de sa voix avait je ne sais quoi de céleste [2] qui remuait profondément, surtout les pécheurs. Ses manières étaient nobles et engageantes comme devaient être celles d'un seigneur de sa qualité. Il avait une charité sans bornes pour les pauvres. L'âme de sa parente Elisabeth [3], cette royale

---

[1] *Ab apostolo Paulo edoctus ut corpus castigaret et in servitutem redigeret, cibo potuque parcissime utebatur.* (Diedo — *ibid.*)

[2] *Hilari facie, sermone (fere) divino.* (Diedo, *ibid.*)

[3] S. Roch était parent de Ste. Élisabeth par sa mère, fille de la maison de Hongrie. D'un autre côté, par son aïeule paternelle, sortie de la maison d'Anjou, il se

servante des souffreteux, paraissait être passée dans la sienne.

Ce qu'on rapportait de la Wartbourg, on pouvait le dire de la maison de Roch : c'était le rendez-vous des pauvres. Il leur distribuait joyeusement les épargnes qu'il avait pu faire sur l'achat de ses habits [1]. Il veillait à ce qu'on les choisît aussi simples que possible afin d'avoir davantage à donner. Accueillant avec respect « *ces amis du bon Dieu* », il se faisait raconter leurs peines, et après les avoir entendues, il travaillait, selon son pouvoir, à les diminuer.

Tout son temps était employé au saint exercice de la charité : Dieu et les pauvres remplissaient sa vie.

Ainsi s'écoulait l'enfance de notre Saint, se-

---

rattachait à la maison de France. (Voir la généalogie déjà indiquée.) Ceci nous explique comment certains biographes *(Acta breviora,* cap. 1, N° 1) ont pu dire avec vérité, de notre Bienheureux, sans toutefois en fournir la preuve, qu'il était de race royale.

[1] *.... Delicias omnes et magnificos apparatus, impensas amplioresque sumptus perosus, in pauperes et egenos liberalitatem complecti maluit.* (Diedo, cap. I, N° 9.)

reine et pure, pareille à un lys qui s'épanouissait sous le regard des Anges et répandait graduellement ses parfums. Dieu la préserva de tout orage qui l'eût trop fortement agitée; il voulut que toutes les minutes de cette vie si précieuse lui appartinssent : elle devait être si courte !

CHAPITRE III.

Où l'on voit ce qu'était, au temps passé, la cité de Montpellier, et de quelle manière notre Bienheureux croissait en sagesse et en âge devant Dieu et devant les hommes.

> . . . . Douça patria,
> A tus moun amour éternel !
> (Peyrottes.)

> *Nihil puerile gessit in opere, sed pergebat ad templum Domini, et ibi adorabat Dominum Deum.* (Office de S. Fulcran.)
> Il n'eut rien de léger dans sa conduite, mais plein de piété, il se plaisait à venir dans le temple du Seigneur afin de l'y adorer.

Montpellier florissait au commencement du XIVe siècle. Sa position géographique et la prospérité de son commerce en avaient fait comme l'entrepôt du Levant. Les étrangers y affluaient de toutes parts. Placée non loin de la Méditerranée et sur une gracieuse colline, la vieille cité espagnole avait d'ailleurs un climat si doux, des perspectives si riantes, un ciel si rempli de transparence ! Elle exerçait une sorte de fascination sur ceux que leurs affaires avaient appelés dans ses murs : ils ne s'en arrachaient que difficilement. « Si j'étais en état de vivre, disait Joseph Scaliger, dans le lieu qui me serait le plus agréable, je choisirais la ville de Montpellier, et j'en ferais le nid de ma vieillesse. Il n'y a point d'endroit où l'on puisse passer plus doucement sa vie. »

C'était en réalité un séjour délicieux, animé et réjoui par le bruit des affaires et le retentissement du négoce [1]. Rien de pittoresque comme ses rues sans cesse sillonnées par une

---

[1] Voici ce que le juif Benjamin de Tudèle, mort en 1173, écrivait de Montpellier dans la relation qu'il fit, en hébreu, de ses voyages : « Étant partis de Béziers, nous arrivâmes en deux jours au Mont-Tremblant, que les habitants du pays appelaient autrefois Mont-Pessulan, et qu'ils nomment aujourd'hui Montpellier. Cette ville, qui abonde en toutes sortes de marchandises, est éloignée d'environ deux lieues de la mer. Elle est très-fréquentée, à cause de son commerce, par diverses nations, telles que les Iduméens et les Israélites de Portugal, les Lombards et les autres peuples de l'Italie, ceux d'Égypte et de la Palestine. On y trouve des marchands de toute la France, de l'Espagne et de l'Angleterre, et l'on y entend parler la langue de toutes les nations du monde qui y abondent avec les Génois et les Pisans. »

foule parlant diverses langues et étalant au soleil les costumes les plus bizarres et les plus variés.

Dans ses différents faubourgs on trouvait disséminées çà et là de grandes fabriques de parfums, de liqueurs fortes, de vert-de-gris. Ici des marchés de fruits, de blé, de bestiaux, des changes de monnaie. Plus loin de nombreux magasins ornés des merveilles de l'orfèvrerie, ou encore des riches tissus que les navires de l'Orient avaient apportés dans « le beau et bien commode port de Lattes. »

A tout ce mouvement d'une ville industrielle et commerçante, Montpellier joignait l'attrait d'une cité où la science et les beaux-arts étaient en crédit et honneur. Ses écoles jetaient un vif éclat ; elles rivalisaient avec celles de Paris et de l'antique Salerne. Des maîtres renommés, d'éminents docteurs y enseignaient la théologie [1], le droit canoni-

---

[1] « Quoique l'école de théologie n'ait été unie à l'université de Montpellier qu'en 1452, il est néanmoins certain qu'on l'enseignait en cette ville longtemps avant son union : la chose conste par l'exposé que le recteur

que [1] et civil, la médecine [2], les arts libéraux, le gai savoir, et l'on accourait de tous côtés pour les entendre. A leurs leçons se pressait

---

et le corps de l'université firent au pape Martin V, qui dit dans sa bulle :

« *Eorum petitio continebat quod in dicta villa Montispesulani, studium theologiœ non existit auctoritate apostolicâ ordinatum, quamvis in locis aliquibus theologia ipsa legatur.* »

Ces différents endroits où il est dit qu'on enseignait la théologie, étaient les couvents des quatre ordres religieux mendiants avec celui de la Mercy et des Bernardins qui furent établis à Montpellier dans le XIIIe siècle, et les monastères de Saint-Germain et de Saint-Ruf fondés dans le XIVe. » (De Grefeuille, *Hist. de Montp.*, 2e partie, liv. 12, ch. 4.)

[1] (École de droit.) Elle fut créée par Placentin en 1160.— Voir Thomas, *Mém. histor. sur Montp.*, p. 19. C'est dans cette école qu'Urbain V fit ses études. Plus tard il y devint professeur. Sa chaire fut entourée de nombreux disciples. Le concours fut si grand, nous dit *la France pontificale*, qu'il avait à lui seul plus d'élèves que les autres maîtres.

[2] A propos de la Faculté de médecine, saint Bernard nous dit, dès le XIIe siècle, en parlant de l'archevêque de Lyon :

« .... *Cumque infirmaretur pertransiit usque ad Montempessulanum : ibi aliquamdiu commoratus, cum medicis expendit et quod habebat, et quod non*

une jeunesse intelligente , mais dissolue et sans frein , acclamant aujourd'hui un professeur, et le lendemain entrant en tumulte dans sa classe et brisant tout avec fureur; aujourd'hui faisant une bonne œuvre, et demain effrayant les bourgeois paisibles par l'éclat de quelque scandaleuse aventure [1]. Montpellier plaisait à cette gent turbulente et tracassière des écoles. Quoi d'étonnant? Elle trouvait là autant à s'ébattre qu'à étudier !

Cependant Roch venait d'atteindre sa seizième année. Il était temps de l'envoyer dans la docte université et de l'appliquer à la culture des sciences. A cette époque les études étaient bien autrement sérieuses que de nos jours. Si l'instruction était moins répandue,

---

habebat. » (*Epist.* CCCVII *Bernardi Claravallensis abbatis.*)

De cette même Faculté, Césaire d'Heisterbach, moine de l'ordre de Cîteaux, disait: « *Ubi fons est artis physicæ.* »

[1] Le nom de *Bona nioch* donné à l'une des rues de notre ville rappelle le souvenir d'une rixe sanglante dans laquelle , en punition d'un grave méfait, ceux de écoliers qui ne purent prononcer en patois ces mots : *Dyeu vous doin bona nioch!* furent impitoyablement massacrés par les bourgeois.

elle était plus solide et plus profonde pour ceux que leur naissance ou leur génie naturel destinaient aux charges publiques. Le cours de rhétorique prenait deux années, celui de philosophie quatre, et celui de droit tout autant. Mais grandes étaient les appréhensions de la famille de notre Bienheureux. Que deviendrait-il au milieu de cette jeunesse frivole? Lui qui jusqu'alors n'avait entendu que paroles de vertu, ne serait-il pas exposé à entendre le langage des ribauds et des gens perdus de vices? Libère, prévoyant ce danger, conjura le Ciel d'en garder son enfant, et ce cri sorti du cœur d'une mère trouva facilement écho dans le cœur de Dieu. L'adolescent passa près du vice sans l'apercevoir; son âme était d'ailleurs trop pure pour le comprendre et trop élevée pour s'y attacher.

L'étude captiva aisément sa noble intelligence. Il en devint amoureux, dit son naïf biographe [1]. Ses progrès y furent rapides jusque là que ses maîtres lui prédisaient un

---

[1] Il estoit de l'estude tellement amoureux
Que pour s'y advenir il ne fut paresseux
(Fermeluys.)

glorieux avenir, et ses condisciples, s'inclinant devant sa supériorité précoce, l'appelaient volontiers leur chef [1]. Ses succès allaient de pair avec sa réserve et sa modestie. Il portait sur sa physionomie, qui devenait chaque jour plus belle, cette candeur « qui va si bien aux âmes d'élite, et qui est à la fois le signe et la compagne du vrai talent. » Il s'éloignait instinctivement des folies de ses camarades. Il avait horreur des enfantillages dans lesquels ils consumaient leur vie.

Si on avait voulu trouver le fils de Libère, ce n'était pas au Pré-Marie où la jeunesse des écoles allait prendre ses ébats, ni sur les bords du Ribanson [2] où s'étalaient les vanités et se nouaient les intrigues ; il aurait fallu gravir les marches de quelque pieux sanctuaire. Là,

---

[1] *Humanitate, morum dignitate animique splendore, cœteris omnibus id œtatis prœlatus.* (Diedo, cap. I, N° 9.)

[2] C'est le ruisseau qui coule non loin de la porte Blanquerie. Il est désigné sous ce nom dans un acte du roi Sanche III, à l'occasion de l'hôpital qu'il établit en faveur des malades attaqués du feu sacré, autrement dit, du mal des ardents.

sous la voûte massive de Saint-Firmin [1], on l'eût rencontré priant à deux genoux devant la châsse d'argent dé Monseigneur Saint Cléophas, l'heureux disciple d'Emmaüs [2], ou bien, pénétrant dans la délicate chapelle gothique bâtie en ex-voto par Guillem VI sur la Canourgue, on l'eût surpris, immobile en profonde adoration, devant la sainte parcelle de la Croix du Seigneur Jésus [3].

---

[1] Cette église remontait à la plus haute antiquité. — « Elle a pris naissance, nous dit le savant M. Germain, avec la ville même de Montpellier; et qui pourrait dire au juste le jour où celle-ci a commencé? » — Démolie par les protestants en 1568, l'église Saint-Firmin et ses dépendances occupaient très-probablement les rues Saint-Firmin, du Bayle, Rébuffy, plan Duché.

[2] Cette précieuse dépouille de l'un des premiers disciples de J.-C., rapportée de Jérusalem, à la fin du XIe siècle, par Guillem V, seigneur de Montpellier, jouissait à Saint-Firmin d'une grande vénération. Une confrérie instituée sous le nom de Saint-Firmin avait le privilége de donner à baiser au peuple les dimanches et fêtes la tête de Saint Cléophas. (*Les Pénitents blancs et les Pénitents bleus de la ville de Montpellier* p. 103.)

[3] Cette église fut bâtie en 1146. Elle fut consacrée par l'archevêque d'Arles, Imbert d'Aiguières, le 5 novembre 1200... La place de la Canourgue existe encore, l'église a disparu, son nom seul est resté; un des

D'autres fois, quand ses loisirs étaient plus grands, il allait jusqu'à Maguelone pour y vénérer le bénitier miraculeux de son église. « On ne portait jamais, dit la légende, de l'eau bénite dans ce saint bénitier, néanmoins il était toujours plein et prêt à déborder..... Jamais, ajoutait-on, il ne devait être à sec, parce que Simon, le premier évêque de Maguelone, y avait jeté une larme de l'auguste Vierge Marie [1]. »

Notre Bienheureux aimait encore à venir sur la place du Petit-Scel, où se trouvait une hôtellerie pour les pèlerins. Il se faisait leur guide, leur interprète; il les traitait comme des concitoyens et des amis, ne demandant en échange que d'ouïr le récit des merveilles de Rome et de Jérusalem [2].

Mais son sanctuaire de prédilection, c'était la chapelle des Cordeliers [3]. Là était conservé

sixains de la ville porte aujourd'hui le nom *de Sixain Sainte-Croix.* (Fisquet, *France pontificale.*)

[1] *Carya Magalonensis.*

[2] *Exteros et peregrinos œquè ut proprios cives dilexit.* (Diedo, cap. I, N° 9.)

[3] Le couvent des Cordeliers était situé dans la rue du faubourg de Lattes, à l'emplacement qu'occupe aujour-

un trésor précieux : une épine de la Sainte Couronne. Les fils de S. François en étaient les vigilants gardiens. Roch avait pour eux une tendre amitié et les visitait souvent. Il y avait entre eux si grande ressemblance de goûts ! Un jour, il leur témoigna l'ardent désir qu'il avait de servir Dieu d'une manière plus parfaite. Ravis de joie, les bons religieux. crurent devoir seconder son dessein et l'admettre, malgré son jeune âge, dans le Tiers-Ordre [3]. Ils le vêtirent donc d'un habit simple et modeste, de couleur cendrée ; ils lui passèrent autour de la ceinture une corde avec plu-

---

d'hui l'ancien temple des Protestants. Il figurait parmi les plus anciens de l'Ordre, puisqu'il fut établi du vivant même de saint François d'Assise. L'héroïque fondateur logeant à Montpellier dans le voisinage de la porte de Lattes, à son retour d'Espagne en 1213, aurait, dit-on, prophétisé la prochaine installation de ses disciples tout près de l'endroit où il séjournait : et sept ans s'étaient, en effet, à peine écoulés depuis ce vœu prophétique, lorsque Jayme 1er d'Aragon commença pour eux, en 1220, le couvent qu'ils eurent de ce côté, et dont la magnificence exigea dix ans de travail. (Germain, *Étude archéol. sur Montpellier*, p. 44.)

[1] Voir le Manuel du Tiers-Ordre de S. François par le Père Orsieri.

sieurs nœuds et lui donnèrent à baiser le signe
sacré de notre Rédemption, après lui avoir
prescrit certaines pratiques de piété. C'était
là le premier pas décisif dans cette carrière
du détachement, où Roch devait marcher si
vite et si bien, comme nous le verrons plus
tard.

Et Jean et Libère, en apprenant ces choses,
remerciaient Dieu, car l'enfant croissait dans
la sainteté et la croix miraculeuse croissait
aussi sur sa poitrine [1].

---

[1] *Claris jam virtutibus excrescebat, et defixum
lateri signum crucis etiam cum tempore augebatur.*
(Acta brev. , cap. I , N° 2.)

CHAPITRE IV

**Comment messire Roch de La Croix passa
de vie à trépas, et comment, Libère étant
morte peu de temps après, notre Bienheureux
demeura seul.**

> *In morte non sunt divisi.*
> Ils ne sont pas séparés dans la mort.
> (*Liv. des Rois.*)
>
> Désormais je puis dire hardiment : Notre Père
> qui êtes aux cieux. (S. Fr. d'Assise.)

Notre Saint touchait à sa dix-neuvième
année. Sa vie avait été jusqu'ici toute faite de
bonheur et d'innocence; pas un nuage ne
l'avait assombrie. Son père était vénéré par
ses concitoyens, dont il était le conseil et la
gloire. Libère, sa douce et pieuse mère,
était « *de toutes les vertus la princesse et la
dame* [1]. »

---

[1] Fermeluys.

Elle jetait sur sa maison l'éclat le plus honorable qui soit au monde, celui de la charité et de la vertu. Roch, par ses succès, **sa** piété profonde et sa jeunesse, semblait consacrer et compléter le bonheur de sa famille **en** lui assurant l'avenir.

Mais ici-bas les existences les plus heureuses semblent être plus proches de l'infortune. N'est-ce pas, au soir d'automne, après les journées les plus belles, que **la** foudre gronde et l'orage sévit?

Quel docteur, parlant de la souffrance, **a** dit : Dieu permettrait plutôt que périssent le ciel et la terre que de priver les siens d'épreuves? Notre Bienheureux n'échappa point à cette loi providentielle. La croix lui vint et d'une manière soudaine, inattendue.... Une grave maladie saisit son père qui est obligé de s'aliter. Le mal fait des progrès rapides, et bientôt il faut renoncer à tout espoir **de** guérison. Les docteurs de la très-savante Faculté se déclarent impuissants. Jean de **La** Croix fut le premier à reconnaître son état. Il fit appeler sans retard l'Évêque de Maguelone et lui demanda les derniers sacrements. Ce prélat vint accompagné de clercs pieux et d'une foule éplorée. Après s'être confessé avec humilité et avec une grande componction de ses fautes, le digne vieillard fit assembler autour de son lit ses parents et ses domestiques et reçut en leur présence le viatique des mourants, témoignant ainsi de sa foi vive et de sa profonde piété.

Il ne se trouve pas dans le récit des historiens qui ont narré ses derniers moments, un seul mot qui puisse nous faire croire que ce noble seigneur ait éprouvé le moindre regret en quittant la vie. Ni la grandeur de sa situation, ni la vue de son épouse en larmes, ni son fils, ce fils si plein de jeunesse et d'avenir, nul de tous ces biens ne paraît avoir enchaîné, même un instant, son âme désireuse du Ciel. Elle était déjà entièrement possédée par l'amour de Dieu [1]. Jean de La Croix attendait la mort avec toute la sérénité du juste. Sentant ses approches, il appela son fils : « Beau fils, lui dit-il, tu me vois à ma dernière heure. Ecoute quatre recommandations que je te

---

[1] *His temporibus, pater B. Rochi, vir omni divino amore confirmatus, maximo morbo invaditur.* (Acta breviora, c. I, N⁰ 3.)

lègue avec mon héritage et comme mon testament suprême. Sois toujours, selon la promesse que nous en avons faite, le serviteur dévoué de notre Rédempteur et Maître, Jésus-Christ. N'oublie pas les veuves et les orphelins ; emploie en bonnes œuvres les trésors de nos aïeux ; visite souvent les hôpitaux où sont les pauvres et les infirmes, ces membres souffrants de notre Sauveur[1]. » Le malade, à ces mots, se souleva sur sa couche de douleur, regarda le Ciel, et posant ses deux mains tremblantes sur la tête de son fils, il le bénit. « Me promets-tu, ajouta-t-il, d'accomplir mes volontés dernières ? » — « Je le promets », dit Roch, d'une voix entrecoupée de sanglots[2]. — Le vieillard sourit, il reposa son regard sur son fils et son épouse longuement et avec une ineffable complai-

---

[1] .... *Se jam sentiens extremis fatis proximum, Rochum filium ad se vocat : « O Roche.... quatuor tibi in testamento meo, simul cum imperio et meâ hœreditate, mandata relinquo.... »* (Acta breviora, c. 1, N° 3.)

[2] *Rochus obtemperaturum se patri promittit, qui paulò post e vitâ migravit.* (Diedo, c. I, N° 11.)

sance. Puis il s'affaissa en prononçant les saints noms de Jésus et de Marie. On entendit un murmure pareil à une douce plainte : c'était l'adieu de son âme au corps qu'elle avait animé; c'était le dernier soupir. Il y avait un juste de moins sur la terre et un élu de plus dans le Ciel !

Roch et Libère versèrent des larmes abondantes. L'une pleurait le meilleur des époux, l'autre le plus tendre et le plus dévoué des pères. On lui fit de magnifiques obsèques, en tout dignes de son rang. Tout Montpellier y assista. Cette mort était un deuil public.

En voyant le chagrin de Libère et de Roch, on ne pouvait s'empêcher de dire : « Oh! voyez comme ils l'aimaient! » Il ne fallut rien moins à Libère que sa grande piété, sa soumission à la volonté de Dieu, pour ne pas succomber sur-le-champ à sa douleur qui était immense. Elle lutta contre elle. Mais le glaive de l'angoisse était entré trop profondément dans son âme; il avait atteint les sources de la vie; la blessure ne pouvait être cicatrisée.

Les yeux de la pieuse veuve devinrent comme deux fontaines de larmes; ses joues s'amaigrirent [1]; sa vie ne fut plus qu'un douloureux sacrifice accepté au pied de la croix. Plus son amour avait été pur, plus il était fort pour lui retracer le souvenir de celui qu'elle pleurait. *Son mort* était continuellement au fond de sa pensée. L'affection même qu'elle avait pour son fils ne pouvait l'en bannir. Elle ploya sous le poids d'une douleur aussi grande. Quand le chêne tombe sous les coups du bûcheron, faut-il s'étonner si le lierre dont il était l'appui se dessèche à son tour et meurt?

Libère quitta cet exil peu de temps après la mort de son époux. Sans doute, dit un naïf biographe :

> .... L'Éternel eut envie
> De bienheurer Libère en l'éternelle vie,
> Pour la faire jouir au Ciel bénin et doux
> Du bien que possédait son bienheureux époux [2].

---

[1] *Priusquàm vigesimùm exegisset annum, matrem squalore mœroreque confectam amisit.* (Ibid.)

[2] Fermeluys.

CHAPITRE V

De la grande charité et compassion de notre Bienheureux envers les malheureux, et de son amour pour la très-sainte pauvreté.

Jean et Libère s'étaient tout doucement endormis dans le Seigneur. Leur agonie avait été paisible, et ce qui en avait adouci l'amertume, c'était, après Dieu, la piété de leur enfant. Le fils de tant de faveurs divines, pensaient-ils, ne pouvait périr. Ce pressentiment avait fait leur consolation à la dernière heure.

Pour un œil attentif néanmoins, Roch paraissait bien exposé. L'éclat de son nom, sa fortune si considérable, sa rare beauté, son inexpérience, sa jeunesse formaient tout autant de périls. Le pieux jeune homme le comprit. A peine eut-il fermé les yeux de ses parents qu'il choisit Notre-Seigneur pour père et se voua à Notre-Dame des Tables en la proclamant sa mère. Du reste, son âme était précocement mûrie. Elle venait d'acquérir « ce je ne sais quoi d'achevé que donne le malheur ». Ces deux morts douloureuses lui avaient montré plus que jamais le néant du monde, la caducité des biens terrestres et l'irremédiable fragilité des affections humaines, quand elles ne remontent pas à Dieu pour s'éterniser ! Il entendait sans cesse à ses oreilles la voix de son père mourant qui lui disait : « N'oublie pas les orphelins et les veuves ; que les trésors de nos ancêtres passent aux chers pauvres du bon Dieu ». Les événements parurent répondre à ce vœu charitable. L'année 1313, il advint une longue sécheresse de sept mois qui compromit la récolte des blés en empêchant la formation des épis [1]. A cette calamité vinrent se join-

---

[1] « L'an 1313 foù tan moult gran secada, que ben estet sept mezes que non ploou, en tal maniere que fou tan gran sec que lous blati comensavan à secar, avant que

dre les horreurs de la famine. C'était plus qu'il n'en fallait pour presser notre Bienheureux d'accomplir des volontés qui s'harmonisaient si bien du reste avec ses attraits [1]. Il va dans les couvents, ces maisons saintes où la pauvreté est en solennel honneur, et y fait de grandes libéralités. Il pénètre dans les réduits obscurs où se cache l'indigence ; il semble toujours à sa charité qu'il arrivera trop tard. Une minute pour les pauvres est souvent remplie de tant de larmes ! Ici, c'est une veuve, là un artisan infortuné ou de malheureux orphelins auxquels il donne et le pain qui soutient et la parole qui console. Plus loin, c'est une vierge aux prises avec la séduction qu'il dote en l'arrachant au danger de perdre son âme [2].

---

fossen espigats. En guisa que an fach procession per quatre vegadas am tost los religiosos et portavan la Santa Espigna de los Frares Minors, et todas las sanctas Reliquias que eron à Monpelier ».

[1] *Patris testamentum impiger exsequitur.* (Act. brev., c. I.)

[2] ..... *Religiosa loca et pauperum domos visitat; miseros, oppressos et œgrotos opibus et consilio curat ; viduas, pupillos et orphanos consolatur; inopes virgines nuptui collocat....* (Acta breviora, c. I, N° 3.)

Mais c'est surtout dans les hospices où sa compassion se donne carrière. Guy de Montpellier en avait fondé un dans cette ville, remarquable entre tous [1]. C'était un des plus célèbres qu'eût vus l'Église catholique, et, devant cette fleur divine de la charité épanouie sur notre sol, elle avait tressailli d'admiration.

Notre Bienheureux venait souvent dans cet asile des membres souffrants de Jésus-Christ. Il se plaisait à faire leurs lits, à panser leurs plaies, à pourvoir à leurs besoins. Il les environnait de tant de respect et de délicatesse qu'on l'eût pris pour leur serviteur. Il parcourait leurs rangs, tout heureux de la joie qu'il leur portait, le visage serein [2], l'allégresse dans le cœur, et, sur ses lèvres, des paroles suaves et fortifiantes adressées surtout aux étrangers qu'il apercevait pour la première fois, mêlant un doux enjouement à sa compassion, une grâce angélique à sa

---

[1] Fondé vers l'an 1175 et connu sous le nom du *Saint-Esprit*, cet hôpital était situé dans le faubourg du Pila-Saint-Gély, auprès de la fontaine confrontant le pont des Augustins. (De Grefeuille.)

[2] *Hospitale pro more visitat, ægrotos hilari facie, amœnissimis verbis consolatur.* (Diedo, c. 3.)

générosité, répandant à chaque pas qu'il faisait de nouvelles consolations sur de nouvelles douleurs. L'illustre rejeton des Roch se voyait, en l'hospice du Saint-Esprit, au milieu de la seule compagnie qui pût lui plaire. Près des pauvres, il était près de Jésus-Christ.

Tels sont sur le dépouillement de notre Saint, les quelques détails que nous a transmis l'histoire. Combien d'autres en plus grand nombre sont le secret des Anges ! Recueillons ceux qui sont venus à notre connaissance, avec une pieuse avidité, comme après la moisson on amasse avec soin les quelques épis oubliés dans les champs par la main du laboureur. Ils nous montrent combien fidèlement Roch avait rempli la promesse faite au lit de mort de son père. Peu de temps après, il ne lui restait plus rien du riche patrimoine de ses ancêtres [1]. « Il l'avait tout donné, dit un biographe, et avec gaîté de cœur, parce qu'il l'avait donné à son Dieu ! »

---

[1] *Hisque piis officiis rem patris sui omnem non invitus dispensavit.* (Acta brev., c. I.)

CHAPITRE VI

Comment notre Bienheureux, ayant distribué ses biens aux pauvres et triomphé des résistances de sa famille, se fit pèlerin pour l'amour de Dieu.

> Quand je vous ai envoyés sans sac, sans bourse, sans chaussures, quelque chose vous a-t-il manqué?
>
> (S. Luc, chap. 22.)

> Il prend à ceste fin pour faire son voyage
> Jà dès longtemps conceu en son noble courage
> D'un pauvre pèlerin l'ordinaire manteau,
> La cappe, le bourdon, la courge et le chapeau;
> Il se met en chemin sous la garde asseurée
> Du Sauveur des humains et de la bien-heurée
> Vierge sa saincte Mère.
>
> (Fermeluys.)

Lorsqu'on entre dans l'église basse d'Assise, on s'arrête, saisi d'admiration et d'un pieux respect, devant une grande fresque de la voûte. Le Christ est là, debout, avec ce calme radieux qui illuminait sa face divine pendant les quarante derniers jours de sa vie sur la terre; il présente à l'humble François la main d'une jeune fille, et François lui met au doigt l'anneau nuptial, gage d'une éternelle alliance. Cette belle fiancée est couronnée de roses et de lumière ; ses yeux sont doux et sa bouche riante ; mais son vêtement est grossier et en lambeaux, ses pieds sont déchirés et sanglants. Elle marche dans les épines et sur les pierres aiguës d'un chemin âpre et difficile. Les enfants du siècle l'outragent ; ils lui jettent des pierres avec des injures ; ils l'accablent de malédictions et de coups.... C'est la très-sainte pauvreté chrétienne... Et les Chœurs des Anges tressaillent d'allégresse et sont en adoration profonde devant cette mystérieuse union. Un Ange de la justice chasse les avares et ces moines dégénérés qui caressent avec complaisance des sacs d'or ; un Ange de la miséricorde fait entrer dans le doux bonheur de la pauvreté le jeune homme riche qui distribue ses biens aux pauvres. Et au-dessus de tout ce tableau saint et édifiant, les Anges du sacrifice et de l'offrande présentent à Dieu les maisons, les richesses et les vêtements quittés pour son amour [1].

---

[1] Chavin de Malan, *Vie de S. François d'Assise.*

Roch a déjà retracé cette page de la vie de Saint François qu'a immortalisée le pinceau de Giotto. N'était-il pas le fils du patriarche d'Assise, et ne devait-il pas marcher sur les traces de son bienheureux père ? Comme lui, il a brisé tous les liens qui l'enchaînaient au monde ; il s'est voué à la sainte pauvreté par le nœud d'une indissoluble union ; les Anges du sacrifice, recueillant les trésors qu'il a volontairement abandonnés, les ont présentés à Dieu. Roch est digne du séraphique enfant de Bernadone : on pouvait, en toute vérité, l'appeler le pauvre de Jésus-Christ.

Mais il est une saveur mystérieuse qui ne se révèle au cœur qu'à l'instant où le sacrifice embrasse tout et ne refuse plus rien. Jusque-là une âme vraiment dévouée n'est point satisfaite. Le fils de Libère éprouve ce tourment d'une incomplète donation. Il a encore une patrie qui l'entoure, selon le mot d'un chroniqueur, « d'amoureuses caresses [1] ». On fait autour de lui les rêves les plus brillants ; une alliance illustre lui sera bientôt proposée ;

---

[1] Fermeluys.

la voie des honneurs s'ouvre devant lui : le crédit de sa famille et ses qualités personnelles ne lui assurent-ils pas un rang distingué à la cour du roi de Majorque ou du nouveau suzerain de Montpellieret, Philippe-le-Bel ? Néanmoins, toutes ces séduisantes perspectives n'émeuvent pas le cœur de l'héroïque adolescent : il n'est pas fait pour le monde. Dans certaines régions, il est, dit un ancien, des sommets couverts de sable et tellement élevés que jamais le souffle impétueux des vents ne les atteint : si le doigt du voyageur y trace des caractères, longtemps après on les retrouve intacts et parfaitement conservés. Les grandes âmes ressemblent à ces monts sublimes. Dieu écrit en elles de son doigt divin un mot qui est le secret de leur destinée, et les événements les plus douloureux, les charmes les plus captivants de la vie, les mille impressions que chaque jour apporte, ne sont pas capables de l'effacer. Le mot *divin* survit à tout pour leur révéler leur vocation ! Aussi notre Bienheureux, devant toutes ces avances du monde, n'avait qu'une idée : se consacrer entièrement à Jésus-Christ. Oh ! le fortuné moment où il pourra dire : *Vivo jàm non ego , vivit verò in me Christus* [1] ; le fortuné moment où il n'aura d'autre bien que Dieu, n'attendra rien que de lui, ne recevra rien que pour l'amour de lui !

Être pèlerin, telle est son unique ambition [2]. Il fait connaître son projet aux membres de sa famille, bien sûr de rencontrer parmi eux une opposition, d'ailleurs très-naturelle. Son oncle, l'amiral de Majorque [3], devait surtout blâmer son départ, lui qui avait basé sur son neveu les plus belles, les plus légitimes espérances. Que se passa-t-il à l'instant où Roch lui révéla son dessein? L'histoire ne nous en a pas gardé le souvenir; mais ce que

---

[1] « Ce n'est pas moi qui vit, c'est Jésus-Christ qui vit en moi. »

[2] *Postquàm patris sui mandata explesset, decrevit secum patriam deserere, et varias per christianitatem peregrinationes agere.* (Act. brev., c. I, No 4.)

[3] Guillaume Roch de La Croix, cet oncle de notre Saint, fut amiral de Majorque, premier ministre de cet État et vice-roi (gouverneur) de Montpellier. Il fut marié avec Judith de Montmorency, de laquelle il eut un fils nommé Jean de La Croix. (Voir la généalogie de S. Roch.)

les historiens ne disent pas , le cœur humain
peut nous l'apprendre ; il est le même à toutes
les époques , toujours prêt à se récrier contre
ce qu'il ne comprend guère , l'héroïsme dans
la vertu.

— « A quoi pensait Roch de quitter ainsi
les siens ? », devait dire Guillaume de La
Croix. N'était-ce pas assez déjà de tant de
deuils !... Non , non , il ne pouvait songer à
leur imposer ce nouveau sacrifice....

« Cher oncle , répondait le Bienheureux ,
je voudrais bien pouvoir ne pas vous con-
trister. Comment faire cependant ? J'ai fait
promesse à Dieu. Puis-je lui manquer de
parole ? Ne serai-je pas relaps et parjure [1] ?...

A ces derniers mots , Guillaume tressaillit.
La pensée d'une déloyauté révoltait son cœur
plein de droiture ; il répartit néanmoins :

« Mais , beau neveu , seul comme un
vagabond sur les grandes routes , ne cours-tu
pas le risque de rencontrer des voleurs qui te
détrousseront ?

---

[1] Le pèlerin devait partir sans retard , sous peine
d'être traité de relaps et de parjure devant Dieu.
(Michaud , *Histoire des Croisades.*)

— »Le pèlerin n'a point à craindre. Il est sans argent, sans escarcelle. Qui pourrait dépouiller celui qui ne possède rien?

» Il est vrai; mais en ce cas qui pourvoîra à ta subsistance?

— Eh! n'ayez souci. Le lys des champs ne file pas; il est vêtu cependant comme Salomon ne le fut jamais dans toute sa gloire.... Les oiseaux du ciel n'ensemencent point, et la nourriture leur est abondamment donnée. Ne suis-je pas davantage aux yeux de la bénigne Providence?»

Devant ce langage de la foi, l'amiral dut être déconcerté. Il n'en laissa pourtant rien paraître. Tout au contraire, essayant d'un nouvel assaut, il représenta au jeune homme les fatigues du voyage, la difficulté de trouver un abri contre la tempête, un lit de repos pour ses membres harassés. Et comme celui-ci répliquait que la terre lui servirait de couchette, et que le tronc creux du chêne ou les branches de l'olivier le protégeraient contre les vents en furie: « Songes donc, ajouta-t-il, qu'on te méprisera. Oui, toi le fils d'un noble, tu seras traité à l'égal du dernier des vilains. Que dis-je? on te taxera de folie, dès qu'en la cité on saura ta détermination ! »

Alors Roch, dans le transport d'un saint enthousiasme et avec un accent qui ne laissait aucun doute sur sa résolution inébranlable, s'écria : « Le Seigneur Jésus et mon père Saint François ont-ils été mieux traités ? La folie de la Croix est la suprême sagesse.... Non, celui-là n'est pas insensé qui méprise les richesses, et, en les quittant, conquiert la liberté véritable et la possession du royaume céleste ! »

L'oncle était vaincu. Poussant un profond soupir : « Va trouver , dit-il, le Seigneur-Évêque ; soumets-lui ton dessein, et s'il l'approuve, fais alors ce que le Ciel t'inspirera...» En achevant ces mots, il ouvrit ses bras à Roch et le pressa affectueusement sur son cœur.

Le Bienheureux , après cette lutte qui n'avait fait que mettre plus en relief sa générosité, se rendit chez l'Évêque de Maguelone, Jean Raymond de Comminges [1]. Ce

----

[1] Ce prélat, fils de Bernard VI comte de Comminges et d'Éléonore (*aliàs* Laure) de Montfort-Leycestre, était

prélat, un des plus illustres qui aient gouverné notre beau diocèse, connaissait de longue date — on peut l'affirmer sans crainte — le rare mérite de son jeune visiteur. Il l'accueillit avec une paternelle bienveillance, et lui octroya volontiers l'autorisation de partir, sans le soumettre d'ailleurs aux épreuves alors en usage [1].

Quelques jours après, une touchante cé-

---

par sa mère arrière petit-neveu du fameux Simon de Montfort, général de la croisade contre les Albigeois. (P. Anselme, *Grands-officiers de la couronne.*) Appelé en 1317 à l'archevêché de Toulouse, Jean de Comminges fut fait plus tard cardinal-évêque de Porto.

D'après Ciacconius et Villani, à la mort de Jean XXII, les cardinaux réunis à Avignon lui auraient offert la tiare, s'il voulait s'engager à ne point transférer le Saint-Siége à Rome. De Comminges ne voulut point le promettre, disant qu'une pareille clause était manifestement contraire aux intérêts de l'Église ; et se donna ainsi lui-même l'exclusion. (L'abbé Christophe, *Hist. de la papauté pendant le* xive *siècle.*)

[1] Quand le pèlerin voulait aller à la Terre-Sainte, il devait obtenir le consentement de ses proches et la permission de son évêque ; on s'enquérait de sa vie et de ses mœurs ; on examinait si un vain désir de voir les contrées éloignées ne l'entraînait pas vers les saints lieux. (Voir Ducange, *Glossarium* au mot *Peregrinationes.)*

rémonie se passait en l'église de Notre-Dame
des Tables. Prosterné sur le pavé du sanctuaire , Roch recommandait son prochain
voyage à la Vierge Noire et à son très-doux
Fils. Il avait revêtu la robe rouge des pèlerins
et le petit manteau d'étoffe grossière. A ses
côtés , était placé un chapeau à larges bords;
et ses pieds étaient munis d'une forte chaus-
sure , car il devait faire long chemin. —
Cependant le prieur vient de monter à l'autel.
« Seigneur, Dieu tout-puissant, s'écrie-t-il,
dirigez-le dans le sentier de la paix et de la
prospérité, que l'ange Raphaël l'accompagne
et le ramène dans la voie du salut. — Soyez-
lui, Seigneur, une consolation dans la route,
un doux ombrage dans les ardeurs de l'été,
un abri contre les frimas ou les orages, un
char dans sa lassitude, un secours dans
l'adversité , un bâton sur lequel il assure ses
pas chancelants, un port dans le naufrage. »
— « Amen, qu'il en soit ainsi! » répond le
peuple. — Les prières achevées, le prieur
répand l'eau bénite sur Roch, et lui remet,
avec la charte ou passe-port, un bourdon,
une gourde et une pannetière pour y mettre
ce que les âmes charitables voudraient bien

lui élargir. Après quoi, la foule des parents et des amis grossie de tous les pauvres que le Bienheureux avait si souvent soulagés se mit en marche pour lui faire cortége. Le clergé, sous la croix processionnelle, allait en tête chantant des hymnes et des cantiques [1].

Quand on fut venu aux limites de la paroisse, et que Roch vit sa ville natale sur le point de disparaître à l'horizon, son cœur se serra. Le souvenir de ses parents bien-aimés, de sa famille, de sa patrie, — de tout ce que l'homme affectionne le plus ici-bas —, venait de se présenter plus vivement à son esprit. Les vieilles murailles de la cité, l'air tiède et embaumé des prairies, les arbres eux-mêmes du chemin semblaient prendre une voix pour lui dire : Pourquoi nous quittes-tu?... Ému, mais non ébranlé, il se jeta à genoux et resta là un moment à prier en silence, et ce fut fini.... Congédiant ensuite ceux qui l'avaient accompagné et dont les yeux étaient baignés de pleurs, Roch pressa le pas; il avait hâte de s'arracher aux douleurs de la séparation et d'arriver à la ville éternelle!...

---

[1] Voir Ducange , *ibid*.

CHAPITRE VII

**Comment notre Bienheureux étant venu en
Italie rencontra la peste, et de la grande
douleur qu'il en ressentit.**

> *A peste... libera nos, Domine!*
> De la peste, délivrez-nous, Seigneur!
>
> *Il va donc cheminant par ces larges campagnes,*
> *Par ces tortus vallons, par ces hautes montagnes,*
> *Il traverse l'obscur des plus sombres forêts,*
> *Il franchit les arrêts des fleuves et marets.*
> *. . . . .*
> *Tant son désir brûlant d'une divine flamme*
> *De souffrir et partir pour l'auteur de son âme.*
> (Fermeluys.)

« Le monde, disait Othon, évêque de
Bamberg, n'est vraiment qu'un exil et la vie
qu'un voyage, où ceux qui sont encore éloignés
de Dieu ne sauraient rencontrer trop d'hôtelleries [1]. » Ces hôtelleries de l'âme sont les
couvents. Les couvents étaient aussi les hôtelleries du corps. La charité du moyen-âge se

---

[1] Montalembert, *Moines d'Occident.*

plaisait à les multiplier : il n'était pas de ville, pas de bourgade situées sur les routes fréquentées qui ne possédât quelque asile desservi par des âmes saintes, où le pèlerin trouvait, pendant quelque temps, une trève à ses fatigues. « On l'y accueillait à bras ouverts ; on lui lavait les pieds ; on lui restaurait ses vêtements ; on lui servait à boire et à manger ; on lui offrait un lit. Et quand il avait payé cette bienveillante hospitalité par le récit de quelques miracles, ou par le don de quelques reliques, il cédait sa place à un autre et continuait sa route[1]. »

Notre Bienheureux s'arrêta le moins qu'il put dans ces asiles tutélaires. Il fallait que sa fatigue fût extrême, que ses pieds refusassent de marcher, car il avait à cœur de se briser par la souffrance[2]. Le froid, la faim, les aspérités de la route, les propos railleurs des passants, ne faisaient que le stimuler davantage. Dieu le bénissait puisqu'il jetait

---

[1] Germain, *Hist. de la comm. de Montp.*, tom. 3.

[2] *Et intentus pœnitentiæ... Romam versùs contendit.* (Acta brev., cap. I, N° 4.)

si libéralement sur son chemin les joyaux de la mortification.

Il parcourut ainsi le midi de la France. Il traversa Avignon, le nouveau séjour des Papes, et son cœur dut s'attrister devant l'exil que la Papauté semblait subir dans ces murs [1]. Arrivé sur les bords du Rhône, il en franchit les eaux rapides, gravit peu après le versant occidental des Alpes, et parvenu sur leur sommet, il aperçut devant lui la noble terre d'Italie.

A son aspect, Roch tressaillit de joie, et saluant de loin Rome, la cité-reine, il eut je ne sais quel pressentiment mystérieux de la mission bienfaisante que Dieu lui réservait sur ce sol privilégié.

Un bruit désolant, en effet, ne tarda pas à retentir à ses oreilles : La peste est en Italie [2]! On citait à l'appui un chiffre effrayant de

---

[1] La résidence des Papes à Avignon commença en l'année 1309, et dura pendant 70 ans.

[2] Il s'agit ici de la peste de 1315, dont parle Sponde (Voir Boll.) Du reste, l'Italie y était fréquemment sujette, par suite de ses rapports multipliés avec le Levant, des marais qui couvraient une partie de son territoire, et aussi du peu de précautions hygiéniques qu'on prenait à cette époque.

morts étranges. Notre Bienheureux ne savait
que penser. Mais lorsqu'il fut venu dans la
Toscane, et qu'il eut dépassé la ville de
Sienne, ses incertitudes s'évanouirent, et le
doute ne lui fut plus possible. Les preuves de
la contagion se présentaient nombreuses et
irrécusables. Il cheminait sous un ciel radieux,
à travers un beau pays qui était autrefois
animé par les conversations des voyageurs et
le bruit·des chariots. Maintenant, il ne ren-
contrait, après de longs trajets, qu'une
immense et morne solitude. Les champs
étaient couverts d'épis, quoique l'époque de
la moisson fût passée depuis longtemps ; les
fruits pendaient encore aux arbres : personne
ne songeait à les cueillir. Les raisins cachaient,
pour ainsi dire, les ceps avec leurs feuilles,
car l'année avait été d'une fécondité excep-
tionnelle, et on les laissait à la discrétion des
passants. Nul habitant n'avait le courage de
les ramasser ; ne comptant pas sur le lendemain, pas même sur l'heure suivante,
comment aurait-on songé à s'approvisionner ?
L'âme de notre Saint fut navrée à ce spectacle. Que de larmes et de désolation cette
campagne lui révélait !

Cependant une ville se dessinait à l'horizon. C'était Acquapendente. Assise comme une reine sur un mamelon verdoyant, elle semble écouter le bruit de ses retentissantes cascadés dont les eaux vont, dans la plaine, former le cours de la Paglia. En s'en approchant, Roch constata les marques d'un deuil plus profond. Il trouva des bandes de fuyards qui emportaient, les uns des vêtements, les autres du pain, et n'osaient pas, dans leur fuite, s'adresser la parole, tant ils appréhendaient la contagion ! Çà et là, il voyait des maisons vides, abandonnées ou complètement closes. Aux fenêtres se montraient quelques figures pâles et livides qui semblaient demander avec surprise : Où va cet étranger ? Près des murs s'élevait une épaisse colonne de fumée, qui s'élargissait en montant dans les airs et se déployait en tourbillon noirâtre. C'étaient des haillons, des lits, des meubles infectés qu'on livrait aux flammes. Enfin, Roch franchit le seuil de la ville et pénètre dans l'intérieur. Il y régnait le plus lugubre silence : on aurait dit une vaste nécropole, une de ces antiques cités qui, ensevelies depuis des siècles sous les laves du Vésuve, reparaissent au soleil avec la majestueuse tristesse de leurs derniers moments. Toutes les portes étaient fermées ; quelques-unes bouchées au dehors parce qu'il s'y trouvait quelque pestiféré, d'autres marquées à la chaux, pour donner avis qu'il y avait un mort à prendre. De toutes parts avait cessé le bruit du travail, le cri des marchands, le fracas des chars, les rumeurs des passants... Nul glas, nul chant funèbre pour les pauvres trépassés. On n'entendait que la plainte des malades et les propos des fossoyeurs, chargeant sur des civières les cadavres, pour les porter dans la fosse commune creusée à cet effet.

Notre doux Sauveur, dit l'Évangile, pleura sur le sépulcre de Lazare, en voyant le douloureux travail de la mort.

Roch, lui aussi, ne put retenir ses larmes devant les ravages de la peste. Il pleura sur Acquapendente, car cette ville naguère si florissante n'était déjà plus qu'un tombeau !

CHAPITRE VIII

Comment notre Bienheureux devient servant des pauvres en l'hospice d'Acquapendente, et de la grande vénération où il fut tenu par le peuple de cette ville.

> *Non veni ministrari , sed ministrare.*
> Je ne suis pas venu pour être servi, mais pour servir.
>
> (St. Evang.)

> Il n'est sitost entré qu'une pieuse envie
> Anime de son cœur la plus vivante vie.
> Il se fait voir partout diligent à servir,
> Ayder et consoler , assister , secourir
> Les pauvres languissants........ .....:..........
> Ceux qui étaient frappés de ce mal infecté,
> Reçurent aussitost leur première santé.
> ....
> Ce fut par la vertu du signal précieux
> De la croix, qu'il signait sur tous les langoureux.
>
> (Fermeluys.)

Tout en s'apitoyant ainsi sur les malheurs d'Acquapendente , notre Bienheureux poursuivait sa route. Il chemina longtemps au milieu de cette désolation sans rencontrer personne. Enfin , il aperçut un mendiant qui venait vers lui. Il pressa le pas pour lui parler. Mais celui-ci, se jetant en arrière, le regarda fixement et d'un air ombrageux , disposé plutôt à fuir qu'à répondre. Il avait peur de lui. Dans ces moments de calamité toute confiance disparaît, tant l'imagination exagère les périls !

Roch le pria, au nom de Notre-Seigneur, de lui montrer le chemin de l'hospice. Après avoir fait le signe de la croix, et, en se tenant toujours à distance, cet homme le lui indiqua, mais d'une manière vague. Ce fut surtout en suivant les malheureux qui, chancelants et poussant de cris lamentables , allaient y chercher un asile, que notre Bienheureus parvint à se guider. Que de fois sur sa route, il entendit le râle de l'agonie ! Que de fois il vit passer devant lui des malades, frappés du mal horrible , qui ressemblaient plutôt à des ombres et à des fantômes qu'à des êtres vivants !

Cependant il arrive à l'hospice. Là, une difficulté inattendue se présente. Les portes en sont fermées ; et on lui assure qu'il ne pourra y pénétrer qu'après avoir obtenu l'autorisation de l'administrateur, nommé Vincent.

— Or, ce Vincent était un homme de vertu et de grand caractère. Sa charité et la conduite qu'il tint en cette triste conjoncture, le prouvent suffisamment. Alors que plusieurs des principaux de la cité, au lieu de donner l'exemple, n'avaient songé qu'à fuir, lui était resté fidèle à son poste. Toujours infatigable, toujours empressé, il veillait à tout, il se prêtait à tout, payant de sa personne comme le dernier des mercenaires.

En abordant cette énergique nature, Roch se sentit pénétré de respect, car rien ici-bas ne commande l'admiration comme ces âmes héroïques d'autant plus belles qu'elles s'ignorent elles-mêmes. L'administrateur demanda au jeune étranger ce qu'il voulait, ne lui dissimulant pas combien il le trouvait imprudent, de s'être engagé dans une ville et surtout dans un hospice où le fléau sévissait si cruellement. A quoi notre Bienheureux répondit :

« J'ai appris que les pestiférés étaient ici en grand nombre et que vous étiez seul à leur donner vos soins [1], c'est pourquoi, je vous

---

[1] *Sentio hunc locum peste laborantibus refertum, teque unum esse, qui à cœteris destitutus, solus his inservias.* (Diedo, cap. I.)

demande comme faveur insigne la permission de les servir.

— Les servir, c'est très-bien, ami, mais vous êtes si jeune! La blancheur de vos mains et la délicatesse de votre visage m'indiquent assez que vous n'avez point la force nécessaire pour ce rude labeur [1].

— C'est possible; mais que ne peut celui qui se confie en Dieu? La Providence ne se sert-elle pas souvent de ce qui est faible pour accomplir des œuvres difficiles? Si Dieu le veut, quoique jeune et sans vigueur, je saurais bien vous aider [2]. »

Des sentiments si héroïques, dans un âge aussi tendre, ravissaient Vincent sans l'ébranler. Malgré toute l'estime qu'il avait déjà pour Roch, il n'osait accueillir ses offres généreuses. Il reprit donc : « Je suis loin de mettre en doute la puissance divine ; mais je

---

[1] *Timebat ille ne Rochus florens et juvenis statim telo pestifero cæderetur.* (Acta brev., c. I, N° 4.)

[2] *Nonne in sacris codicibus legitur, divino fretis præsidio nihil esse difficile?* (Diedo, cap. 2.)

n'ignore pas non plus que d'autres plus robustes que vous sont morts à la peine; comment avec une constitution aussi frêle pourriez-vous résister ?

« Jésus, notre maître et seigneur, répartit le Bienheureux, n'a-t-il pas dit [1] : Ce que vous ferez au plus petit d'entre mes frères, c'est à moi que vous le ferez ? Si je le soigne dans la personne des siens, il saura bien me garder de tout péril. Au reste, si l'on a vu des soldats exposer leurs jours pour une couronne périssable, dois-je balancer de sacrifier ma vie, lorsqu'il s'agit d'une couronne immortelle !.... »

Le sage administrateur craignant, par un plus long refus, d'attirer sur lui la colère du Ciel et de priver ses malades des bienfaits de la Providence [2], céda enfin et consentit à

---

[1] *Scriptum est (etiam) quodcunque uni ex minimis meis feceritis, mihi fecisse existimetis. (Diedo, c. 2.)*

[2] *Vincentius..... veritus ne, si eum repelleret, Deum ipsum ad iracundiam excitaret, suisque œgrotis boni aliquid adimeret.... eum ad valetudinarios ducit. (Diedo, ibid.)*

introduire son nouvel auxiliaire dans l'intérieur de l'hospice. Quel horrible spectacle s'offrit alors aux yeux de Roch ! Il aperçut, à droite et à gauche, des moribonds étendus sur. la paille. Dans cet immense refuge de la douleur s'élevait un murmure en tout semblable au bruit lointain des vagues, quand l'ouragan les soulève. De toutes parts, on voyait courir, s'arrêter, se lever, s'affaisser des convalescents et des malades en délire.

On ne pouvait assurément trouver plus triste séjour, société plus rebutante. C'était pourtant ce que notre Bienheureux, dans son amour de Dieu et des hommes, préférait aux riches palais, à toutes les compagnies du monde. O fils du siècle, jusques à quand vous verra-t-on plongés tout entiers dans l'égoïsme et la sensualité !

A peine installé, Roch se met vaillamment à l'œuvre. On eût dit à le voir qu'il avait passé sa vie à soigner les pestiférés. Il parcourait leurs rangs, disant à l'un une bonne parole, rendant à celui-ci quelque service charitable, à tous manifestant la plus cordiale affection. On l'eût pris pour un ange du ciel, tant il semblait au-dessus de la mort [1]. Ceux qui allaient expirer demandaient en grâce de l'avoir auprès d'eux. Beaucoup d'agonisants, disent les chroniqueurs, reprirent contre toute espérance force et santé, parce qu'il avait invoqué sur eux le nom béni du Seigneur Jésus. En lui touchant la main, d'autres se sentirent guéris. On le vit tracer avec une grande dévotion le signe de la croix sur des plaies livides, et ces plaies disparurent [2]. Le fléau diminua peu à peu et enfin s'évanouit. Roch avait prouvé une fois de plus que la charité est plus forte que la mort, tandis que Vincent ne pouvait assez s'applaudir de l'avoir accueilli.

Ce ne fut pas seulement dans l'hospice, mais dans les rues, dans les maisons particulières, qu'il opéra des guérisons miraculeuses. Le peuple d'Acquapendente ne savait comment lui témoigner les sentiments de sa

---

[1] *Hunc verò è cœlo missum, divinitùsque in tantâ mortalium clade donatum arbitrantur.* (Ibid.)

[2] *Et cum signo crucis.... quemcumque tetigisset, eumdem lœvissima pestis deserebat.* (Ibid.)

vénération et de sa reconnaissance. Avide de
toucher ses vêtements, de contempler ses
traits, il se pressait sur son passage. Il voulut
même à tout prix savoir le nom et la patrie
de son libérateur. Roch révéla l'un et l'autre;
mais regrettant presque aussitôt cette confi-
dence, d'ailleurs si inoffensive, il fit promettre
aux habitants d'Acquapendente de ne jamais
en parler [1].

Ceux-ci tinrent-ils parole? Je veux bien
me le persuader et croire que le secret fut
fidèlement gardé, tant que vécut notre Bienheureux. Mais après sa mort, la pensée leur
vint, et en cela on ne saurait les blâmer,
qu'un tel nom ne pouvait rester dans l'ombre.
Ils s'empressèrent d'honorer le pèlerin de
Montpellier et de lui dresser des autels.

Non plus, ils n'oublièrent la promesse que
leur avait faite notre Bienheureux, et qu'il
tient comme un élu du Ciel, de toujours les
garder de peste.

Depuis le jour, en effet, que Roch fut

---

[1] *Incolis, quos in pristinam valetudinem reduxe-
rat, Rochus jubet ne ejus nomen prodant.* (Diedo,
c. 2.)

devenu servant des pauvres dans l'hospice d'Acquapendente, jamais plus, dit l'histoire, l'horrible contagion n'a osé revenir [1].

---

[1] La tradition porte que la peste ne doit jamais sévir à Acquapendente, grâce à la protection de S. Roch et à la promesse qu'il en fit jadis aux habitants. Et il est constant en effet que, de mémoire d'homme, ce fléau n'a jamais ravagé cette cité, alors qu'il désolait les pays d'alentour. (Recluz, *Hist. du culte de S. Roch.*)

CHAPITRE IX

**De quelques prodiges opérés par Roch à Césène
et autres lieux, et du lamentable état où
il trouva Rome.**

> « O Rome, ce ne sont pas les colonnes,
> les arcs de triomphe, les thermes que je
> cherche en toi ; mais le sang répandu
> pour le Christ, et les os dispersés dans
> cette terre maintenant consacrée. »
> (Le Tasse.)
>
> *Facta est quasi vidua domina gentium.*
> La reine des nations est devenue
> semblable à une veuve désolée.
> (Lamentat. de Jérém.)

Les âmes saintes ont peur des éloges : elles
ressemblent à ces blanches et timides colombes
que le moindre bruit épouvante et met en
fuite. Acquapendente en fit l'expérience.
Tandis qu'elle entourait Roch des témoignages de sa vénération, et qu'elle se flattait de
le garder quelque temps dans ses murs ; elle
apprit, non sans une douloureuse surprise,
que se dérobant à sa gratitude, il était déjà
parti.

De quel côté s'était-il dirigé? quelle route avait-il prise? C'est ce qu'on se demandait avec un sentiment où beaucoup d'affection se mêlait à beaucoup de curiosité.

Cependant arriva le bruit des miracles opérés dans Césène. On racontait qu'un jeune pèlerin était venu dans cette ville au moment où toutes les familles pleuraient quelque deuil. On l'avait vu s'agenouiller au pied d'une Madone. Des anges, sa prière finie, lui avaient porté de la part de Dieu des pouvoirs étendus contre la peste; et le prenant par la main, l'avaient introduit dans l'intérieur de la cité, dans les maisons et jusques auprès du lit des malades. Or, chaque fois que l'étranger avait formé sur eux le signe auguste de la Rédemption, ils avaient miraculeusement recouvré leurs forces [1].

En entendant ces choses, le peuple d'Acqua-

---

[1] On peut voir dans la paroisse Saint-Roch de Césène trois beaux tableaux rappelant ses antiques souvenirs. Dans le premier, notre Bienheureux est en prière devant une Madone; dans le second, il est introduit par les anges auprès des pestiférés; et le troisième, nous le représente au moment où les anges lui donnent la promesse écrite de son pouvoir contre la peste.

pendente bénit Dieu, car il savait maintenant l'endroit où s'était réfugié son libérateur.
Il se proposait déjà d'aller sur ses traces afin
de le revoir encore, mais il avait compté sans
les empressements de la charité !

Comme ce qui tient à l'infini, cette vertu
ne connaît pas de limites et ne dit jamais :
C'est assez ! Aux âmes égoïstes de mesurer,
de calculer, de ne se livrer qu'à demi ; aux
âmes vraiment charitables de se prodiguer
sans mesure, de se donner, à l'exemple du
Dieu de l'Eucharistie, tout ent'ères, à tous et
pour toujours.

Roch avait appris que la peste désolait
plusieurs localités voisines. Le nombre des
victimes était grand, et la mort, dit un chroniqueur, marquait déjà la porte de ceux qui
avaient survécu pour venir y loger. N'écoutant que son zèle, notre Bienheureux était
accouru afin de combattre la contagion. Sur
ses pas on vit, comme à Césène, se multiplier les guérisons et les prodiges. On aurait
dit que Dieu avec sa toute-puissance s'était
mis à la disposition de son serviteur. Aussi le
fléau recula cette fois encore.

Mais la lutte n'était point achevée. Pareille

à la vague qui n'abandonne une rive que pour bondir plus furieuse sur la plage opposée ; la peste n'avait quitté les bords de l'Adriatique que pour s'abattre sur Rome. C'était là une proie autrement riche, autrement belle.

A la première nouvelle de l'invasion, notre Bienheureux se met en route et se dirige vers la capitale du monde. Il marche à pas forcés, dit Diédo. Il va et va toujours sous l'impulsion de son héroïque charité. Enfin la campagne romaine se présente à lui avec son immense et sombre tapis de verdure, d'où émergent de temps à autre des fragments de marbre et des ruines antiques; près de lui passent de grands troupeaux de bœufs aux cornes démesurément longues, des paysans à la figure triste et rêveuse. Roch saisi par la mélancolique grandeur de ces sites bénissait Dieu, quand tout-à-coup, du sommet d'une petite hauteur, il aperçut à l'horizon quelque chose qu'enveloppait à demi une teinte vaporeuse : C'était Rome!...

Quelques heures plus tard, il était dans la Ville Éternelle ! Quels furent les sentiments qui remplirent son âme au moment où il en franchit le seuil ? Ses biographes n'en disent rien. Il est permis néanmoins de conjecturer qu'à côté des émotions suaves que lui apportaient les souvenirs pieux dont cette ville est pleine, vinrent se joindre d'incommensurables tristesses. Quand, après s'être agenouillé devant le tombeau des Apôtres Pierre et Paul, il releva son front de la poussière, il eut la plus grande douleur que puisse éprouver un chrétien ici-bas : celle de voir Rome sans le Pape ! Ce suprême pasteur des âmes, par suite de circonstances qu'il n'entre pas dans notre plan de rappeler, avait été obligé de fixer sa résidence à Avignon. Avec lui étaient partis le bonheur et la prospérité de la cité-reine. Sans cesse troublée, tantôt par une plèbe turbulente, tantôt par une féodalité factieuse, elle n'avait plus ni administration, ni justice. Le fils d'un cabaretier, un Rienzi [1],

---

[1] Cola ou Nicolas Gabrino, dit Rienzi, naquit à Rome vers 1310, d'un cabaretier nommé Lorenzo. Profitant de la résidence des papes à Avignon, il s'empara de l'esprit des Romains, et parvint à leur persuader que le remède à tous leurs maux serait le rétablissement de la République. Le 20 mai 1347, il se fit décerner le titre de tribun, et proclama une constitution nouvelle. On s'aperçut bientôt qu'au lieu d'être le libérateur de Rome,

allait bientôt gouverner à la place du successeur de Pierre. Quelle décadence!.... Les palais tombaient en ruines; les rues jadis si animées par la foule des étrangers venus de tous les points du globe, étaient désertes; les églises abandonnées se délabraient et le culte perdait tout son éclat. Rome n'était plus Rome. Aussi réclamait-elle avec instance le retour de ses Pontifes.

Voici en quels termes, par la bouche d'un de ses plus illustres poètes, cette reine découronnée témoignait à Benoît XII ses regrets et ses vœux :

« O vous, qui étendez votre empire par toute la terre, qui voyez toutes les nations prosternées à vos pieds, regardez d'un œil de compassion une infortunée qui embrasse les genoux de son père, de son maître et de son époux. Si j'étais dans les beaux jours de ma jeunesse, lorsque les plus grands princes révéraient ma présence, il ne serait

---

il en était l'oppresseur. Le peuple l'abandonna; les nobles l'attaquèrent. Obligé de fuir une première fois, il fut tué dans une émeute par un serviteur de la famille Colonna, en l'année 1354.

pas nécessaire que je disse mon nom. Mais aujourd'hui que les chagrins, la vieillesse et la pauvreté m'ont entièrement défigurée, je suis obligée de me nommer pour me faire connaître. Je suis cette *Rome* si fameuse dans tout l'univers. Remarquez encore en moi quelques traits de mon ancienne beauté. Après tout, c'est moins la vieillesse qui me consume que le regret de votre absence. Il y a peu d'années que toute la terre suivait encore nos lois, et c'était la présence de mon saint époux qui me procurait cette gloire. Aujourd'hui, réduite à une triste viduité, je suis en butte à la tyrannie et aux injures..... Eh quoi! Saint-Père, vous pouvez voir mes malheurs d'un œil tranquille! Vous ne me tendez pas une main secourable! Oh! si je pouvais vous montrer mes collines ébranlées jusque dans leurs fondements, vous découvrir mon sein couvert de plaies, vous faire voir mes temples à demi ruinés, mes autels sans ornements, mes prêtres réduits à la misère[1]..... »

Roch put constater à chaque pas la vérité

---

[1] Pétrarque.

de ces plaintes. Comme nous l'avons dit, il vit Rome sans le Pape..... Plus que cela, il la vit aux prises avec l'horrible peste.... Nul doute qu'en traversant ces rues désolées, le verset de nos saints livres ne lui soit venu en mémoire : Venez, et voyez s'il est une douleur comparable à la mienne[1] !

---

[1] *Venite et videte si est dolor sicut dolor meus.* (Thren., I, 12.)

CHAPITRE X

De l'heureuse rencontre que fit notre Bienheureux du cardinal Britonique, et de ce
qui s'ensuivit.

Nunc scio verè quia misit Dominus
angelum suum et eripuit me.
Maintenant je ne puis en douter, le Seigneur
a envoyé son ange et m'a délivré.
(*Act. des Apôtr.* 12.)

Ce n'était pas la première fois que Rome
était visitée par le fléau. Déjà l'année 590
l'avait vu sévir d'une manière exceptionnel-
lement terrible. S. Grégoire occupait pour
lors le Siége pontifical. Ce grand Pape, devant
l'affliction de son troupeau, fut navré de douleur, et comprenant qu'il fallait avant tout
fléchir la colère du Ciel, il ordonna des prières
publiques. Au jour marqué, il parcourut les
rues de la ville, pieds nus, couvert d'un sac,
et portant dans ses mains l'image vénérée de

la Mère de Dieu que l'on montre encore aujourd'hui en la basilique insigne de Sainte-Marie-Majeure [1]. Le peuple romain suivait en habits de pénitence. Durant le trajet, quatre-vingts personnes tombèrent comme foudroyées par la peste. Les autres n'en continuèrent pas moins à prier. Or, au moment où la procession arrivait en face du mausolée d'Adrien, une voix angélique fit entendre ces paroles : *Regina cœli lœtare, alleluia; resurrexit sicut dixit, alleluia!* Reine du Ciel, réjouissez-vous, alleluia; car votre Fils selon sa promesse est ressuscité, alleluia! S. Grégoire répondit : *Ora pro nobis Deum, alleluia!* Priez Dieu pour nous, alleluia! A ces mots, tout le cortége tomba à genoux, joignant ses supplications à celles du Vicaire de J.-C. Dieu se laissa toucher et pardonna à son peuple. Et comme gage manifeste des miséricordes divines, on aperçut sur la cîme du mausolée un esprit céleste qui remettait son glaive dans le fourreau. — Depuis, le sépulcre d'Adrien changea de nom : on ne l'appela plus que le fort Saint-Ange.

---

[1] Voir De Bleser, *Rome et ses monuments*, p. 90.

Ce religieux et antique souvenir était resté vivant dans l'esprit des Romains. Aussi quand la peste reparut, multiplièrent-ils les prières et les jeûnes, pensant avec raison que Dieu se laisserait fléchir et enverrait, comme autrefois, son ange afin de mettre un terme à tant de maux. Cette espérance ne fut pas vaine : l'envoyé du Ciel arriva dans la personne de notre Bienheureux.

Un des premiers soins de Roch, en arrivant dans la ville éternelle, avait été d'aller frapper à la porte de l'hospice du Saint-Esprit, primitivement appelé Sainte-Marie *in Sassiâ*. La demeure des pauvres n'était-elle pas, ainsi que nous l'avons déjà constaté dans le cours de cette histoire, son hôtel de prédilection? Et puis, que de touchants souvenirs se rattachaient à cette institution bienfaisante! C'était là qu'un Montpelliérain, Guy, fils de Guillem VII et de Mathilde de Bourgogne [1], avait opéré des prodiges de dévouement. Sur la demande du pape

---

[1] Voir *Gui de Montpellier*, étude historique par Mgr. Paulinier, curé de Saint-Roch, actuellement archevêque de Besançon.

Innocent III, il était accouru en 1204 avec six religieux de son ordre. Il dirigea cet établissement avec tant de sagesse, qu'il le mit bientôt sur le pied de la prospérité la plus grande. Les dons y affluèrent. Les Souverains Pontifes en particulier firent de telles largesses, que les revenus de cet hôpital devinrent immenses. On l'appela, — et le nom lui en est resté, — *le plus riche seigneur de Rome* [1].

Roch fut accueilli avec joie par les hospitaliers qui desservaient cette maison charitable. Il leur remit trois florins d'or de la part du grand-maître de Montpellier [2]. C'était

---

[1] Voir De Bleser, *Rome et ses monuments*, p. 538.

[2] Pendant longtemps les pèlerins transmirent les dépêches dans tous les pays du monde et firent, pour ainsi dire, le service de la poste. On leur confiait l'argent et les redevances qu'on devait payer au loin. Nous lisons de Saint Géraud que, se rendant en pèlerinage à Rome, il portait, attachée au cou, dix pièces d'argent qu'il offrait avec un grand sentiment d'humilité comme un vassal porte à son suzerain la redevance à laquelle il s'est soumis. (*Vie de Saint Géraud, comte d'Aurillac*, écrite en latin par Saint Odon de Cluny, et traduite par M. Compaing, curé de Savenès. Aurillac, imprim. de Léonard Viallanes. MDCCXV.)

la redevance annuelle que lui avait imposée
le pape Nicolas IV, en le plaçant sous la
juridiction de celui de Rome [1]. Après quoi,
il leur demanda la faveur de servir les pestiférés, ce qu'ils lui accordèrent volontiers.
Mais quand il leur eut manifesté son projet
d'habiter dans l'intérieur de l'hospice, les bons
religieux s'y opposèrent, d'autant que le nombre des malades était si considérable, que
l'appartement même du commandeur avait
été pris afin de les loger [2]. Pour dédommager
notre Bienheureux, ils lui donnèrent l'adresse
de leur Cardinal protecteur [3].

Ce prélat, que les biographes désignent
généralement sous le nom de cardinal Britonique, était un homme d'une exactitude
admirable pour l'accomplissement de ses

---

[1] Voir *Hist. des Ordr. monastiq. relig. et milit.*,
tom. 2. Paris, chez Jean Coigniard impr. MDCCXXI.

[2] Dans cet hôpital, le nombre des malades s'élève
parfois aujourd'hui à 1600 et même à 2000 ; — et, dans
ces cas, on établit des fiévreux jusque dans les apparte-
ments du commandeur. (De Bleser, *Rome et ses monuments.*)

[3] *Regul. Ord. S. Spirit.*, cap. 89. — Voir *Gui de
Montpellier*, par Mgr. Paulinier, archev. de Besançon.

devoirs ; sa vie toute entière était employée aux bonnes œuvres qui pouvaient procurer la gloire de Dieu et la sanctification des âmes. D'une bonté rare, il se dévouait au soin des pauvres [1]. Il les accueillait dans son palais, dont il avait fait comme la succursale du Saint-Esprit.

La bénignité est la clef des cœurs ; et le cardinal Britonique possédait cette vertu à un très-haut degré. Il suffit à notre Bienheureux de le voir pour se sentir attiré vers lui. L'ayant choisi pour son confesseur, il lui confia tous les secrets de son âme, et lui fit avec beaucoup de larmes l'aveu des fautes de sa vie passée. Le Cardinal, sitôt qu'il l'eut entendu, voulut célébrer le Saint-Sacrifice en sa présence, et lui donner la sainte communion. Or, comme le jeune étranger recevait le corps sacré du Sauveur, il arriva que son visage parut tout en feu et sa tête environnée de lumière [2].

---

[1] *Ad Britannicum quemdam Cardinalem bonitatem et moribus parem divertit..... Cuncti eum Deo dignissimum et sanctimoniæ specimen esse prædicabant.* (Diedo, cap. 2.)

[2] *Eucharistiam ex ipsius optimi viri manibus sumpsit.*

Frappé de ce prodige, le Prélat ne douta plus qu'il n'eût un Saint devant lui. La messe étant achevée, et sous le coup d'une inspiration soudaine, il supplia Roch de délivrer la ville de Rome. Celui-ci s'en défendit, alléguant son indignité : « Je ne puis rien, disait-il, avec cet accent d'humilité profonde qui est la marque de la vertu. C'est uniquement dans les mains de Dieu que se trouvent la vie et la mort : seul, dans sa miséricorde toute-puissante, il peut guérir les malades et rendre la vie aux trépassés. »

Mais le Cardinal insistait toujours; et Roch dut céder à ses pressantes sollicitations [1]. Levant donc les yeux et les mains vers le ciel : « Père miséricordieux, s'écria-t-il, quelque faible et indigne que soit ma prière, si je la compare surtout à celle de cet illustre Prélat, je te l'adresserai pourtant, afin que ton nom soit glorifié davantage : Laisse, je t'en conjure, tomber un regard de clémence sur cette cité le siége de ton Eglise et la tête

---

Qui cùm Rochi faciem intueretur, divinum quoddam lumen emicare conspexisset. (Ibid.)

[1] *Oravit ut urbem peste obrutam liberaret. (Ibid.)*

du monde, et daigne en éloigner le mal qui la désole. Elle est coupable, je l'avoue, mais combien d'œuvres n'a-t-elle pas accomplies, et que de justes renferment encore ses murs !.... »

Tandis que notre Bienheureux prononçait ces paroles, Britonique sentait renaître l'espérance en son cœur. Rome, pensait-il, serait bientôt sauvée, puisqu'un Saint venait d'intercéder pour elle....

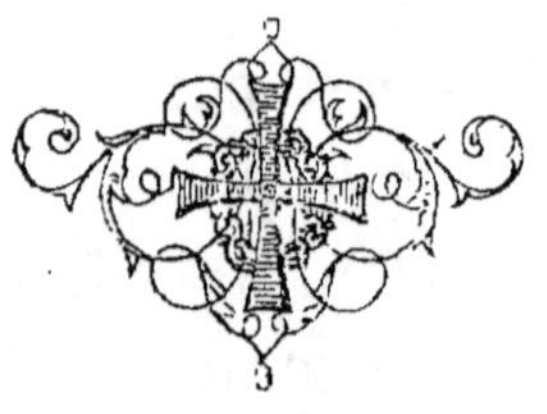

CHAPITRE XI

Comment, en servant les pauvres de J.-C., le
Cardinal fut atteint de peste, et comment,
guéri par un signe de croix de notre Bienheureux, il en porta sur le front la marque
visible à tous.

*Accipe signum crucis tàm in fronte
quàm in corde.   (Rituale Romanum.)*

Recevez le signe de la Rédemption
et sur le front et dans le cœur.

Le prodige dont il venait d'être témoin
avait vivement frappé le cardinal Britonique.
Il se félicitait d'avoir reçu sous son toit un
homme si manifestement favorisé de Dieu.
Dans son désir de l'honorer, il lui destina
une chambre plus grande et mieux ornée que
celles qui servaient d'ordinaire à recueillir les
pauvres. Mais il comptait sans les résistances
de notre Bienheureux. Loin d'accéder aux
vœux de son hôte, Roch choisit l'angle le

plus obscur du palais [1]. Ce lui serait encore un excellent abri, disait-il, habitué qu'il était à passer des nuits entières sur les grands chemins. Son noble protecteur admirant tant d'humilité et de mortification consentit, non sans répugnance, à ce que le Saint voulait. Souvent il venait le voir et passait de longues heures à s'entretenir avec lui des choses divines. Il aimait surtout à l'entendre prononcer le saint nom de Jésus ; car il y avait alors dans la voix de Roch des inflexions étranges, et son visage, ordinairement si calme, s'animait et projetait un vif éclat. Suivant son protégé dans tous les détails de sa vie, Britonique s'aperçut qu'elle était toute faite de charité et de pénitence. Quelque soin que le Bienheureux prît de se cacher [2], ses efforts étaient inutiles : sa

---

[1] Le pèlerin devait être traité comme le chapelain du palais où il était reçu, et manger à la même table, à moins que, par humilité, il aimât mieux l'isolement et la retraite. (Michaud, *Hist. des Croisades.*)

[2] *Intellexit juvenem beatum Rochum Deo esse charissimum : hoc vultus, hoc mores, hoc Rochi modestia protendebat.* (Acta brevior., cap. 1.)

sainteté transparaissait malgré lui. Ainsi, quand le soleil semble vouloir se dérober sous les nues, on reconnaît bien vite sa présence à l'éclat inaccoutumé dont celles-ci se revêtent.

Cependant, grâce à la prière du serviteur de Dieu et aux miracles qu'il ne cessait d'opérer, l'épidémie diminuait ses ravages. Mais en se retirant, elle ne laissait pas que de frapper encore quelques personnes. Le Cardinal fut de ce nombre. Un soir, comme il s'en retournait en son hôtel, après une de ses laborieuses journées consacrées tout entières au service des pestiférés, il se sentit gravement atteint. Les signes ordinaires du mal ne tardèrent pas à se manifester: une pâleur mortelle couvrit son visage, des boutons noirâtres se montrèrent sur son corps qui exhalait une odeur fétide. Ne doutant pas que son heure dernière ne fût venue, il donna ordre à ses gens d'aller quérir le jeune étranger, car après Dieu, c'est en lui qu'il mettait toute son espérance.

Et voilà que lorsque celui-ci fut entré dans la chambre, le malade, racontent les biogra-

phes , éprouva une indicible consolation [1].
« Priez pour moi, lui dit-il, et demandez que
je revienne en santé , si telle est la volonté
du Seigneur. » Roch est saisi d'une compassion
très-vive , et désireux de conserver une
existence aussi précieuse , il s'écrie : « Sire
Dieu , je te prie qu'il te plaise soulager ce
saint homme, et le préserver à l'avenir de
toute contagion ! » Ce disant, il s'approche
du lit, et posant ses deux doigts sur le front
du malade, il y trace , selon sa coutume, le
signe de la croix. Mais, ô prodige ! l'empreinte
pénétra si profondément dans la chair qu'elle
semblait y avoir été incrustée avec un fer
rouge [2]. Les assistants furent dans l'admiration et ne doutèrent pas , devant cette
merveille , que le cardinal ne fût bientôt
guéri. L'événement justifia cette prévision :
peu après, en effet, Britonique était rendu
à ses fonctions et à ses pauvres. Quand il

---

[1] *Cùm in conspectu Cardinalis paulisper stetisset ,
subitò mira consolatio et spes in animum Cardinalis
peste infecti dilabitur.* (Ibid.)

[2] *Quâ oratione habitâ, Rochus cruce, Cardinalis
frontem signat , ita ut ejus impressio cutem penetrarit,
ac si cauterio crux fuisset inusta.* (Diedo , cap. 2.)

parut dans la rue, il fut entouré et félicité par tous ceux qui le virent. Mais tout en le complimentant sur sa guérison inespérée, on ne manqua pas de lui demander pourquoi il portait ainsi la croix sur le front. — « C'est l'envoyé de Dieu qui me l'a donnée, répondait le Cardinal ; elle doit, selon sa promesse, me garder contre toute nouvelle atteinte du fléau. » Les bonnes âmes en étaient heureuses et louaient Dieu ; les mécréants riaient ; quant aux esprits légers, superficiels, — et n'est-ce pas le plus grand nombre ? — ils trouvaient qu'une telle marque, si sainte qu'elle fût, déparait sa noble physionomie.

Ces folles réflexions et ces rires moqueurs pénétraient dans l'esprit de Britonique comme des traits acérés. Ils y entrèrent tant et si bien, qu'il alla jusqu'à rougir du signe sacré. Il s'en vint donc trouver le Bienheureux et le pria de le faire disparaître : « Je ne puis, disait-il, être un objet de risée pour la multitude [1]. »

---

[1] *Cardinalis.... Rochum orat ut crucem ei demat, ne omnibus ludibrio sit.* (Diedo, cap. 2.)

Mais Roch lui fit cette admirable réponse :
« Il n'est pas de serviteur qui ne se glorifie de
porter les livrées de son maître, pas de
soldat qui ne soit fier de son drapeau. Pourquoi donc, ô mon bienfaiteur, mépriseriez-vous
le signe sacré sur lequel le Fils de Dieu a
voulu mourir pour nous sauver tous ? Portez
plutôt avec fierté cet étendard de vie et de
salut, par lequel vous recevrez votre récompense ! Car il est écrit : Qui veut la vie éternelle doit porter sa croix et me suivre ! »

Pendant que notre Bienheureux parlait
avec cette noble et sainte indépendance, le
Cardinal sentait toutes ses craintes s'évanouir [1].
Volontiers il se fût écrié avec l'Apôtre :
« A Dieu ne plaise que je me glorifie, si ce
n'est en Jésus crucifié [2]. »

----

[1] *Quibus dictis, Cardinalis confestim acquievit,
crucemque gestare statuit.* (Ibid.)

[2] Les Bollandistes traitent de fable l'existence du
cardinal Bretonique. Ils mettent en présence les con-
tradictions des biographes, les uns l'appelant cardinal
Britannique, d'autres cardinal Portiensis, d'autres
enfin cardinal Français, *è gente Britonum*, de race
bretonne ou même anglaise ; (l'une et l'autre expression

Et Roch travaillait ainsi au règne de Dieu !
Pareil à ces conquérants qui prenaient posses-

étaient synonymes) [1]. Or, il est un personnage de notre histoire locale qui répond à ces diverses appellations : nous voulons parler du cardinal Jean Raymond de Comminges. — Ce Prélat peut être appelé Britonique ou Britannique, puisque, par sa mère Laure de Montfort-Leicester, il était d'origine anglaise ; il peut être encore désigné sous le nom de cardinal Portiensis ou Portuensis, ayant été créé plus tard, ainsi que nous l'avons déjà dit, cardinal évêque de Porto. La dénomination de cardinal Français (*Gallum è gente Britonum*) lui convient également, son père étant Bernard VI comte de Comminges, en Gascogne.

Si nous avons rapporté l'épisode du cardinal Britonique, c'est que tous les biographes le mentionnent ; d'autre part, nous avons été amené à hasarder cette hypothèse sur Jean de Comminges par la raison suivante : plusieurs points de la vie de notre Bienheureux, traités jusqu'ici de légendaires, ont un fonds de vérité historique, témoin sa noblesse, son origine royale, le haut pouvoir qu'exerçait sa famille dans Montpellier. N'en serait-il pas ainsi de l'histoire du Cardinal ?

[1] *Britones, populi Galliæ Celticæ in Britanniâ minori, qui et Britanni Sidonio dicuntur. Sunt autem Brittones seu Britones (utrumque enim legitur apud Sidonium), populus Galliæ Celticæ, apud alios etiam Albionis, ita ut nulla videatur differentia inter Britones et Britanni (Novum Lexicon geographicum, auctoribus Philippo Ferrario et Michaele Baudrand).*

sion du Nouveau-Monde en y plantant la croix, le Bienheureux la posait sur la tête des hommes pour la faire arriver jusqu'à leur cœur.

CHAPITRE XII

De la présentation de notre Bienheureux au Pape, et comment, le cardinal Britonique ayant trépassé, notre Bienheureux quitta Rome pour s'en aller en d'autres pays.

> O Pierre ! je veux te dire ce que tu disais au Sauveur bien-aimé : Tu sais que je t'aime !   *Tu scis quia amo te !*
> (Une Chrétienne à Rome.)

> *Beati misericordes quoniam ipsi misericordiam consequentur.*   (S. Matth.)
> Bienheureux les miséricordieux, parce qu'ils obtiendront miséricorde

> *Isti sunt duæ olivæ et duo candelabra lucentia antè Dominum.*
> ... Pareils à deux oliviers qui mêlent leurs rameaux, et à deux candelabres qui confondent leur lumière devant le Seigneur. (Brév. rom., off. de S. Jean et S. Paul.)

Après Dieu , le Cardinal devait sa guérison à notre Bienheureux ; aussi lui voua-t-il une profonde reconnaissance qu'il s'efforçait de lui témoigner en toute occasion. C'est ainsi, qu'il lui ménageait l'entrée des sanctuaires où l'on gardait des reliques insignes ; qu'il lui donnait un facile accès dans les hôpitaux, et qu'il l'entourait, dans son palais, de ces mille attentions délicates dont un bon cœur a seul le secret. Sans cesse en éveil pour le seconder dans ses bonnes œuvres, il se faisait son compagnon inséparable, visitant avec lui les pauvres malades et mettant à sa disposition d'abondantes ressources afin de les secourir.

Mais il était un désir de notre Bienheureux qu'il avait surtout à cœur de réaliser. Roch n'avait jamais vu le Souverain-Pontife. Or, pour une âme aussi pieuse, la joie suprême était de pouvoir baiser les pieds du Vicaire de Jésus-Christ et de s'incliner sous sa bénédiction. En quelle année et dans quel endroit cette faveur lui fut-elle accordée ? Est-ce à Viterbe, à Pérouse ou dans toute autre ville d'Italie différente de Rome ? L'histoire garde sur ce point le plus profond silence. Diédo, le biographe Vénitien, nous a transmis de cette touchante entrevue seulement quelques détails. A eux seuls, ils suffisent à former l'un des plus suaves tableaux qu'un œil d'homme puisse contempler ici-bas. Ils nous montrent, d'un côté, Roch prosterné aux pieds du Père commun ds fidèles , les arrosant de ses larmes , protestant de son indignité et implorant le pardon de ses fautes ; de l'autre, le successeur de Pierre qui l'accueille avec une ineffable tendresse et répond aux alarmes de son humilité par ces mots touchants : « Vous n'avez pas besoin , mon fils , de notre absolution ; mais nous avons besoin, nous, du secours de vos prières [1]. »

Le Cardinal, surpris de ces paroles du Chef de l'Église, s'écrie : «Mais qui donc, très-Saint-Père, vous a fait connaître celui qui m'a guéri ? »

« C'est mon secret », répond le Pontife, et tirant Britonique à part, il ajoute : « J'ai vu une splendeur si grande sur son visage et autour de sa tête, que j'en ai été tout ébloui [2]. En vérité, c'est un bienheureux ! »

Puis, s'adressant à Roch : « D'où êtes-vous, cher fils, et quel est le nom de votre

----

[1] *Veniâ non indigere , inquit , divinumque esse hominem affirmat.* (Diedo . cap. 2.)

[2] *Radium lucentissimum et cœlestem è fronte Rochi micare ac resplendere vidit.* (Acta brev., cap. 1.)

famille ? » Ainsi interpellé, le Bienheureux hésite. Si le respect lui commande de parler, l'humilité lui suggère de se taire. Cette dernière l'emportant, il supplie le Souverain-Pontife de lui permettre de garder le silence là-dessus. Et celui-ci acquiesça volontiers à ce désir ; rendant gloire à Dieu d'avoir mis en ce jeune homme une humilité non moins éclatante que la couronne de lumière qu'il avait aperçue autour de son front.

Ce n'est pas en vain que la bénédiction [1] du successeur de Pierre [2] était descendue sur Roch. Dès ce jour, son dévouement et sa puissance miraculeuse semblèrent s'être accrues.

A quelque temps de là, mourut le cardinal Britonique. Il s'éteignit consumé de vieillesse, entre les bras de son protégé, ayant obtenu,

---

[1] *Postremò acceptâ iterùm benedictione à Papâ, secessit.* (Acta. brev. , ibid.)

[2] Notre Bienheureux a pu voir à Rome Pierre de Corbière, alors grand pénitencier, et peu de temps après, antipape sous le nom de Nicolas **V.** La croyance populaire n'est-elle pas partie de là pour dire que saint Roch avait été présenté au Pape ?

en récompense de son amour des malheureux, une des plus grandes faveurs qu'on puisse envier ici-bas, celle d'être assisté par un Saint à ses derniers moments.

Désormais la mission de Roch était finie dans la capitale du monde chrétien. Trois ans de prodiges et de dévouement [1] étaient venus à bout de la contagion. Rien plus ne pouvait le retenir. La charité d'ailleurs l'aiguillonnait, et comme elle ne souffre ni négligence, ni lenteur, elle le pressait d'accomplir de nouveaux sacrifices. L'ocasion était favorable, car la peste, en sortant de Rome, s'était jetée sur les populations de la Lombardie et de l'Adriatique. Roch ne balança pas : après s'être agenouillé une dernière fois sur le tombeau des saints Apôtres pour réconforter son âme, il s'élança avec une intrépidité sainte au-devant de cet ennemi toujours vaincu et toujours renaissant.

Sur sa route il rencontra nombre de villes

---

[1] *Per triennium Romæ exstitit, continuas et peste vexatis operas et labores indulgens.* (Acta breviora, ibid.)

affligées. C'étaient Rimini, Forli , Novare et plusieurs autres localités importantes. On aime par la pensée à suivre cet itinéraire de notre Bienheureux , à visiter avec lui les différentes cités qu'il a consolées et guéries. Et, quand on l'aperçoit au milieu des belles contrées de l'Adriatique, involontairement on se rappelle qu'à vingt années à peine d'intervalle , un autre enfant de nos pays parcourait ces mêmes régions, répandant autour de lui les parfums de la sainteté la plus exquise. Si les bonnes gens de Rimini conservent encore la mémoire de saint Roch, ceux de Monte-Santo n'ont pas laissé tomber dans l'oubli le nom du Bienheureux Gérard.

Né à Lunel , de parents aussi nobles que pieux , il surpassa l'éclat de sa naissance par la splendeur de sa vie. Quoique innocent et pur, il prenait dès l'âge de 5 ans l'habit de la pénitence dans la confrérie de Saint-François, fondée récemment à Lunel. Son séjour en cette ville ne fut pas de longue durée ; car, encore enfant, il dut se retirer avec son frère Effrenald à Rochefort sur le Rhône, dont le comté venait d'être donné par Philippe IV à leur père , en échange de la moitié de sa baronnie. [Cet échange facilitait au roi Philippe l'accès du port voisin d'Aigues-Mortes.]

Pour se prémunir contre les dangers de la cour, les deux vertueux jeunes hommes firent promesse d'aller en pèlerinage au tombeau des Apôtres et à la crèche du Sauveur. Mais ils crurent devoir s'y préparer par l'exercice de la vie érémitique. Ayant donc quitté le monde et dit adieu au manoir paternel, ils vinrent au pont du Gard où ils s'établirent dans deux cellules voisines l'une de l'autre. La vie sainte qu'ils menaient fut bientôt connue dans tout le pays d'alentour. Ce fut pour eux un motif de hâter leur départ, tant ils redoutaient les louanges des hommes ! Ils se mirent en route pour Rome, avec le dessein arrêté de passer ensuite jusqu'en Terre-Sainte. Déjà ils avaient vu la Ville Éternelle, et se dirigeaient, à pied, à la manière des pèlerins, vers Ancône pour y prendre la mer, lorsque la fatigue du chemin causa à Gérard un grand mal de tête. Malgré cela, il persista à aller plus loin ; mais la souffrance devint telle, que nos voyageurs furent forcés de s'arrêter près de Monte-Santo, dans une misérable chaumière. Gérard y mourut seul, tandis que son frère était sorti aux environs pour demander du secours. Les paysans de l'endroit ne tardèrent pas à être instruits miraculeusement de sa fin bienheureuse ; et, dès ce moment, ils commencèrent à l'honorer cemme un saint. Son culte se répandit bien vite et devint de jour en jour plus célèbre, à cause du soulagement que son intercession procurait aux peuples, en diverses maladies et surtout dans les maux de tête.

Les habitants de Monte-Santo montrent encore avec orgueil les débris de la chapelle élevée sur son tombeau, peu de temps après sa mort [1]. Non moins volontiers ils racontent au voyageur les traits de cette vie qui, pour

---

[1] Pour tout ce récit, nous avons suivi la version du Propre du diocèse de Montpellier. D'après les Bollandistes, Saint Gère ou Gérard aurait probablement vécu au XIIIe siècle, et serait mort en 1270 non loin du château de Montorti, d'où on l'aurait transporté à Monte-Santo. Si l'on admet la chronologie des Bollandistes, le pèlerinage de Gérard en Italie aurait précédé celui de Saint Roch d'un demi-siècle environ. (*Histoire du Languedoc*, tom. 3, note 38.)

avoir été ignorée des hommes, n'en fut que plus précieuse devant Dieu.

En écoutant ces vieux récits, on réunit comme d'instinct les noms de Roch et de Gérard : Roch et Gérard ce sont comme deux âmes sœurs, écloses d'un même souffle de Dieu et ayant entre elles les plus frappantes analogies.

Tous deux furent d'origine noble et abandonnèrent leur pays, à la fleur de l'âge. Tous deux, suivant leur vocation de pèlerin, s'en vinrent porter sur la terre d'Italie l'édifiant spectacle de leurs vertus. Semblables dans la vie, ils eurent similitude jusque dans l'humilité de leur mort ! Le premier expire dans une pauvre cabane ; et le dernier soupir du second s'exhale dans un cachot obscur.

O fleurs divines de sainteté qui germâtes jadis sur notre sol, n'y revivrez-vous jamais ? Piété naïve, héroïques vertus de nos ancêtres, êtes-vous éteintes et mortes pour toujours parmi nous ? « Ah ! s'il est vrai que les siècles dans la vie du monde sont comme les saisons dans celle de la nature, après des hivers si longs et si tristes, revenez, ô doux printemps de la foi rajeunir nos cœurs [1], » et donner aux Guilhem de Gellone, aux Benoît d'Aniane, aux Roch et aux Gérard des imitateurs généreux !

---

[1] Montalembert, *Vie de Sainte Elisabeth.*

CHAPITRE XIII

Des grandes choses que fit notre Bienheureux à Plaisance, et comme quoi, éprouvé de Dieu, il connut l'ingratitude des hommes.

> *Signat , salvat.*
> Il les signe et les guérit (Diedo.)
>
> Ceux qui sont aujourd'hui pour vous, pourront demain être contre vous, et réciproquement: les hommes changent d'ordinaire comme le vent.
> (Imit. de J.-C.)

Dans un jardin , les fleurs, quoique de même espèce , diffèrent cependant d'éclat et de parfum ; ainsi en est-il des Saints dans l'Église. Tous imitent sans doute la sainteté par essence, Jésus-Christ , et reproduisent son image : chacun d'eux néanmoins semble avoir la mission de retracer plus particulièrement quelque trait de cette physionomie divine. C'est ainsi, qu'en S. Paul brille pardessus tout le zèle pour le salut des âmes ; en S. Grégoire VII, l'amour de la justice ; chez le patriarche d'Assise, l'évangélique pauvreté ; dans S. Jean de La Croix, la soif des souffrances et des humiliations ; dans S. François de Sales, l'esprit de douceur ; et dans l'angélique Louis de Gonzague, la belle vertu de pureté. Or, le trait saillant, distinctif de notre Bienheureux, c'est le dévouement aux pestiférés. Sa vie est comme l'écho de ce passage de nos saints livres : « Jésus parcourait les villes et les bourgades, guérissant les malades et les infirmes[1]. »

Semant donc les bienfaits sur ses pas, et après avoir sillonné en divers sens la Haute-Italie, notre pèlerin arriva dans les environs de Plaisance, à cette époque, une des cités les plus florissantes de la Lombardie. Il voyait déjà, dans le lointain, se dresser une ligne de remparts ; et plus près, un campanile qui s'élevait vers le ciel gracieux et hardi,

---

[1] *Circuibat Jesus omnes civitates et castella...... curans omnem languorem et omnem infirmitatem.* (S. Matt., c. 9, v. 35.)

comme le cri de la prière, et désignait à
tous les regards un antique sanctuaire dont
il formait le couronnement. Ce sanctuaire,
fort célèbre dans la contrée, portait le nom
de Notre-Dame de Bethléem [1]. Roch se
trouvant sur sa route y entra, et dans une
fervente prière, il supplia le Seigneur, par
l'intercession de la bienheureuse Vierge
Marie de bénir sa mission dans Plaisance, et
de guérir cette ville comme il avait guéri
jusque-là celles qu'il avait visitées. Sa requête
fut largement exaucée, car jamais en aucun
autre endroit, la puissance miraculeuse du
Bienheureux ne s'exerça d'une manière plus
rapide et plus palpable. A l'exemple de ce
capitaine fameux des temps antiques [2], il lui
suffit de paraître pour vaincre. Il vint, nous
dit un de ses biographes, fit le signe de la
croix et chassa le fléau. Les habitants en
conçurent une joie inexprimable : l'allégresse
était presque aussi grande, qu'aux jours
bénis où le seigneur pape Urbain II, de sainte
mémoire, se trouvait dans leur murs, prêchant

---

[1] C'est aujourd'hui l'église Ste.-Anne (voy. Recluz).
[2] César. *Veni, vidi, vici* (Comment.)

la croisade contre les farouches Sarrasins et décrétant avec des paroles de flamme la délivrance du tombeau du Christ [1].

La vénération des Placentins pour le jeune étranger s'accrut d'un événement inattendu qui améliora leur sort et changea leurs destinées.

Ils étaient venus se plaindre à Roch de la tyrannie qu'exerçait sur eux un certain vicomte Galéas. Ce Seigneur, au caractère inflexible et dur, ne cessait, en toute occasion, de molester tant la bourgeoisie que la noblesse. Sa réponse aux doléances les plus légitimes étaient l'amende, la prison ou l'exil. Le bienheureux, jugeant qu'un tel fléau n'était pas moins redoutable que celui de la peste, promit d'en délivrer la ville. Il revint donc, un jour de l'année 1322, devant l'autel de Bethléem recommander cette affaire à Notre-Dame et à son divin Fils. Que ne peut la prière des Saints?.... A peine était-elle finie, que la Madone daigna répondre elle-

---

[1] Dans un concile qui fut tenu en cette ville pendant l'année 1095, Urbain II prêcha aux Italiens la première croisade.

même. D'une voix douce et distincte, elle dit :
« Roch, serviteur de Dieu, ton oraison sera
exaucée. *Rocco, servo di Dio, sara esaudita
la tua orazione !* [1] » Ces paroles ne tardèrent
pas à se réaliser. Dès le temps en effet que
Roch plaidait ainsi la cause de ce pauvre
peuple, il arriva qu'un noble nommé Verrosius de Lando fut, par l'ordre de Galéas,
ignominieusement chassé de Plaisance. Il en
sortit la rage au cœur, ne pensant plus qu'à
se venger d'une pareille injustice. A cette
fin, il se rendit à Asti auprès du légat du
Pape, lui exposa en termes éloquents les
souffrances de ses compatriotes, et lui demanda qu'il lui fût permis de lever quelques
troupes contre le vicomte oppresseur. Le
légat y consentit volontiers, et donna même
à Lando quelques-uns de ses hommes d'armes
pour l'aider en cette entreprise. Lorsqu'il eut
assez de soldats, celui-ci, en chef habile,
dissimula leur nombre et leur marche, les
divisant par petites bandes et leur recom-
mandant de suivre continuellement les hau-

---

[1] Pietro-Maria Campi, *Hist. ecclés.*

teurs situées entre Asti et Plaisance. L'ordre était de ne se montrer aux pieds des remparts qu'à la nuit close. A l'heure dite, et lorsque la plupart des citoyens étaient plongés dans le sommeil, les conjurés se trouvaient réunis devant la ville, où ils entrèrent, par une brèche qu'avaient pratiquée les partisans du noble exilé. Galéas, surpris dans son palais, put à grand peine se dérober à la haine du peuple. Quant à Lando, dès le lendemain de son triomphe, il s'empressait d'envoyer les clefs de la cité au légat du Saint-Siége, et d'en proclamer seigneur suzerain l'illustre pontife Jean XXII [1].

---

[1] *Anno Christi 1322..... Verrosius de Lando, qui fuerat expulsus de civitate Placentiæ, acceptâ licentiâ à domino legato, qui erat in civitate Astensi, per montem Sichalis, districtus Papiæ, procedens cum certis armigeris dicti domini legati et gentibus extrinsecis Placentiæ, pervenit usque ad civitatem Placentiæ de nocte ; et statim, per proditores intrinsecos, facto in muro foramine, civitatem prædictam intravit ipsâ nocte. Et tunc civitas Placentiæ, exclusa dominatione domini Galeas, vice-comitis, facta fuit subdita sanctæ Romanæ Ecclesiæ.*

Eodem anno 1322, dominus papa Johannes XXII factus fuit dominus Placentiæ, toto tempore vitæ

Comme on le voit, la promesse faite à Roch par la Madone de Bethléem avait reçu son parfait accomplissement. Plaisance avait été délivrée d'un double mal : de peste et de tyrannie !

Jusqu'ici, Roch avait passé au milieu des peuples avec le prestige de la puissance et l'auréole de la sainteté ; il n'avait recueilli sur son psssage que le respect et la vénération des foules. L'heure est venue pour lui de connaître l'humiliation et d'expérimenter combien versatile et oublieux est parfois le cœur de l'homme !

Encore qu'il n'y eût plus de pestiférés à l'hospice (tous, nous l'avons dit, ayant été guéris jusqu'au dernier), le Bienheureux ne laissait pas que d'y résider, servant assidûment les autres malades sans prendre presque aucun repos. Aussi ses forces commençaient-elles à défaillir. Un jour, succombant au sommeil et à la fatigue, il s'endormit profondément. Or, comme il dormait, il eut un songe, et dans ce songe à coup sûr envoyé

---

suæ. (Muratori, *Rerum Italicarum scriptores* : **Johannes** de Mussis, *Chronicon Placentinum*.)

de Dieu, il entendit retentir à ses oreilles une voix d'une douceur exquise[1] : « Mon fils, disait-elle, dans ton dévouement pour moi, tu as entrepris de longs voyages, accompli déjà bien des travaux ; je veux maintenant te donner une plus grande part à mon calice, en te frappant du mal contagieux dont tu as soulagé les autres. »

Réveillé par le charme de cette voix, Roch ne douta pas que ce qu'il venait d'ouïr ne fût un avertissement du Ciel. D'ailleurs, il se sentait le corps tout en feu ; une fièvre brûlante le consumait ; il éprouvait surtout à la cuisse des douleurs intolérables. On aurait dit qu'un glaive aigu et tranchant la perçait de part en part. Cependant, tandis que la maladie brisait ainsi son corps, Dieu inondait son âme d'ineffables consolations, à ce point qu'en dépit de ses tortures, il ne pouvait s'empêcher de s'écrier, dans une sainte allégresse : « O mon très-doux Jésus, j'espérais jusqu'à ce jour que tu daignerais me compter

---

[1] *Labore igitur somnoque gravatus lectulo se prosternit ac, dùm quiesceret, amenissimam vocem in sermone audit.* (Diedo, c. 2.)

au nombre de tes serviteurs ; maintenant j'ai la confiance que je te suis cher et agréable, puisque tu condescends à me faire éprouver une partie de tes souffrances. Mon amour pour toi me les rend douces et précieuses, et je serais trop heureux de mourir pour la gloire de ton nom ! »

Toutefois, la violence de la douleur devint telle, que Roch, impuissant à se contenir, poussait des cris lamentables [1]. Ses voisins — qui le croirait ? — l'interpellaient durement et lui criaient de se taire, d'autant que toutes ces clameurs ne le guériraient pas [2]. Ne voulant pas incommoder davantage ses compagnons d'infortune, le Bienheureux se leva de sa couchette, et se traîna à grand' peine jusqu'à la porte extérieure de l'hôpital [3]. Là, à bout de forces, il se laissa tomber. Il passa, ainsi couché sur le pavé de la rue, plusieurs heures de la nuit.

---

[1] *Cum ardore doloreque nullam quietem compararet, nec vocem quidem temperare posset.* (Diedo, c. 2.)

[2] *Infirmi.... omnes in Rochum conclamant, orantque ut sileat.* (Ibid.)

[3] *Ne cæteris impedimento esset, exiit, seque ante fores humi prostravit.* (Ibid.)

Au matin, quand les gens de Plaisance sortirent pour se livrer à leurs occupations journalières, grande fut leur surprise de trouver le pèlerin en si piteux état. Ils s'empressèrent d'appeler le directeur, lui reprochant sa dureté. Celui-ci n'eut pas de peine à se justifier. — « Ce n'est pas moi, dit-il, qui l'ai mis dehors, c'est lui qui a voulu se retirer de son plein gré, interrogez-le plutôt [1]. » Roch ayant affirmé que c'était là la vérité, plusieurs le crurent fou et continuèrent leur route, sans se préoccuper davantage. D'autres s'alarmèrent : un homme ainsi infecté de la peste ne pouvait, sans danger, rester plus longtemps sur la voie publique. Ils lui commandèrent donc de s'éloigner [2] sans retard. Le cœur de notre Saint se serra devant tant d'ingratitude. On avait déjà oublié ses bienfaits !... Pas un murmure néanmoins, pas une récrimination

----

[1] *Prætereuntes autem hospitem objurgare.:... negat hospes eum cum cæteris morari velle.* (Ibid.)

[2] *Cives properanter beatum Rochum e civitate depellerunt, ne per eum civitas majore peste inficeretur.* (Acta brevior., c. 1.)

ne lui échappa. Mais se levant aussitôt, il se dirigea comme il put, à l'aide de son bâton, vers une des portes de la ville.

Ainsi, le divin Maître sortit de Jérusalem sans maudire les Juifs ingrats ; et, pour accomplir la volonté de Dieu, prit le chemin du Calvaire, autel de son sacrifice !

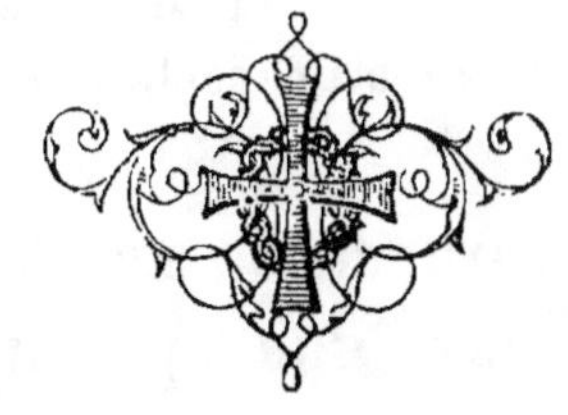

CHAPITRE XIV

Du séjour de notre Bienheureux en la forêt de Sarmato, et des prodiges dont Dieu se plut à favoriser son serviteur.

> Oui, c'est bien le vallon ! le vallon calme et sombre !
> Ici l'été plus frais s'épanouit à l'ombre.
> Ici durent longtemps les fleurs qui durent peu.
> Ici l'âme contemple , écoute , adore , aspire
> Et prend pitié du monde, étroit et fol empire
> Où l'homme tous les jours fait moins de place à Dieu.
>
> *Fit Rocho afflicto fons.*
> (Breviar. Sleswicense.)
> Une fontaine jaillit pour étancher sa soif.

Lorsqu'il eut franchi le seuil de Plaisance , notre Bienheureux , guidé par une inspiration divine [1], porta ses pas du côté d'une vallée solitaire , distante seulement de quelques milles. Cette vallée n'offrait point, à cette époque, l'aspect riant qu'elle présente aujourd'hui. Au lieu des vertes prairies, des blés ondulant dans le sillon , des bouquets d'oliviers dont elle se pare, on ne voyait que

---

[1] *Rochus, Deo comite... ad nemus urbi vicinum pro-repsit.* (Diedo , cap. 2.)

de sombres taillis et des chênes séculaires. C'était une véritable forêt, occupant presque tout l'espace compris entre Plaisance et Sarmato. Roch, toujours calme et résigné, essayait de gagner la lisière du bois, mais ses forces le trahirent. On montre encore l'endroit où il fut contraint de s'arrêter. Un cornouillier s'y dressait; et c'est en s'adossant au tronc de cet arbre, qu'il put reprendre haleine [1]. Jetant ses regards autour de lui, il se demandait avec anxiété s'il ne se trouverait pas un abri avant la fin du jour, quand il aperçut, non loin, une roche dont le sommet faisait saillie et formait comme une sorte de toit. Des lianes nombreuses y étaient attachées, semblables à un rideau de verdure. Les entrelaçant de son mieux, il se construisit une cabane dans le genre de celles qui servaient autrefois aux moines de la Thébaïde. Cela fait, après s'être humilié devant Dieu, confessant combien il lui était redevable tant pour ses fautes passées que pour ses négligences à l'égard des malades et des pauvres, il supplia

---

[1] *Cùm verò gravissimo dolore premeretur, ad arborem (cornum) quamdam constitit.* (Diedo, c. 2.)

ce doux Sauveur de vouloir bien pardonner à son irremédiable faiblesse, et de ne pas permettre qu'il mourût seul, exposé à devenir la proie des bêtes sauvages et privé de tout secours.

Cette prière fut sans doute agréable à Dieu, car tout aussitôt un de ses anges apparut à notre Saint pour le consoler [1]. L'envoyé céleste se présenta à lui sous les traits d'un jeune homme d'une ravissante beauté. « La vierge Marie et son divin Fils, dit-il en l'abordant, te prennent sous leur protection toute-puissante. Ne crains point. Ils seront prés de toi tant que durera l'épreuve. » Cette assurance le remplit de joie. Il éprouva quelque chose de semblable à ce que dut ressentir Notre-Seigneur quand, suant le sang et l'eau, il tombait la face contre terre, au jardin de Gethsémani ; et que l'ange vint lui prêter au milieu de tant d'angoisses aide et assistance.

La fièvre cependant consumait toujours notre Bienheureux. Une soif ardente le

---

[1] San Ro s'en va aou bos, rencontro un Angé, etc. (*Prière provençale. — Voir Coffinières.*)

dévorait. Oh ! qu'il eût volontiers trempé ses lèvres dans une limpide fontaine ! Mais tout ce qui l'entourait portait les marques de la plus complète aridité. Roch offrait à Dieu cette nouvelle souffrance, lorsqu'il vit apparaître dans le ciel, jusque-là si serein, un épais nuage, lequel, descendant peu à peu, s'en vint former auprès de la cabane une source abondante [1]. Bénissant la divine Providence de sa maternelle sollicitude, il étancha sa soif, lava soigneusement sa plaie, et grâce à cette eau merveilleuse, il put retrouver un peu de bien-être et de repos. En vérité, Dieu luttait de générosité avec notre Bienheureux, et multipliait d'autant plus les prodiges que ce dernier s'humiliait.

L'un des plus touchants se rattache au bourdon de notre cher pèlerin. En voici le récit, tel qu'il nous a été conservé par un

---

[1] *Finitâ oratione, statim è cœlo nebula elapsa est, et juxtà cellulam ejus in pulcherrimum et nitidissimum fontem convertitur.* (Acta brevior., c. 2.)

Cette fontaine, qui existe encore près de l'église de Sainte-Marie de·Corvara, est connue sous le nom de *Fontaine de Saint Roch.*

chanoine de Plaisance, homme d'une grande érudition et d'une piété exemplaire [1]. Après qu'il se fut donné un abri, Roch, nous dit-il, avait planté son bâton de voyage en terre : or, ce bâton coupé de longue date était sec comme du vieux bois. Assurément, il ne fût jamais venu à l'esprit de personne qu'il pût prendre racine. Chose admirable néanmoins! on vit bientôt ses nœuds se gonfler ; puis, ce furent des feuilles et des fleurs qui apparurent; enfin il devint un magnifique poirier, portant des fruits d'une saveur exquise. Longues années après le départ du Saint, ajoute le docte chanoine, l'arbre fleurit et donna ses poires délicieuses. Par une singularité remarquable, la même nuit (celle qui précédait la fête du Bienheureux) voyait simultanément s'épanouir les fleurs et les fruits. Les bonnes gens s'empressaient de les cueillir,

---

[1] *Duo alia miracula contigisse memorat idem auctor (Campius) alterius nempè fontis... ; et baculi, ibidem ab ipso in terrâ plantati, qui fructiferam in pyrum excreverit, ac produxerit exquisiti saporis pyra, sed solâ illâ nocte, quœ festum Sancti Rochi prœcedebat, magno à fidelibus in pretio habita. (Campius, apud Bolland.)*

non par sensualité, mais par un sentiment
de foi, car ces poires avaient une vertu divine
qui préservait de la contagion. Nos ancêtres
conservèrent avec soin le poirier miraculeux,
et l'entouraient d'une particulière vénération.
Mais un jour ils s'avisèrent, à leur grand
étonnement et regret, que ses feuilles étaient
flétries et ses branches desséchées : il était
mort !

Ils se demandèrent les uns aux autres,
comment un pareil malheur avait pu arriver,
sans que rien l'annonçât ? Et ils apprirent que
deux crimes abominables, un rapt et un
homicide, avaient été commis près de lui [1].

---

[1]   Et pyrum cujus recubas sub umbrâ,
Ferre das flore pyra, et ipsâ eâdem
Nocte, rem produnt monimenta qualem
      Rara priorum.

Quæ pyræ haud paucos superant in annos
Præsidi contrà validi periclum :
Si luem quandò minitatur ardor
      Sirius agris.

Donec (indignum facinus!) propinqui
Cæde funestat decus hoc propinquus,
Et sacras raptu vigilantis antè
      Virginis aras.

(*Fred. Scotti, Placentin.* Bononiæ 1580.)

C'était la réponse à tous leurs doutes. Il n'était plus étonnant que l'arbre de S. Roch fût mort, et que la protection du Bienheureux ne s'étendît plus sur Sarmato !

CHAPITRE XV

De quelle manière merveilleuse le noble Gothard fut amené à découvrir la retraite de notre Bienheureux.

Dominus nobis prandium misit, verè pius, verè misericors. Sexaginta jam anni sunt cùm accipio quotidiè dimidii panis fragmentum.
(Brev. Rom., in fest. S. Pauli, erem.)

Le Seigneur bon et miséricordieux nous a fourni la nourriture. Voilà déjà soixante ans que je reçois tous les jours la moitié d'un pain.

Non loin de Sarmato et sur les confins de la forêt où Roch était venu chercher un asile s'élevait un vaste manoir. C'était moins une demeure féodale qu'une agréable villa avec de vertes prairies, de beaux et grands arbres et des eaux jaillissantes. On eût trouvé difficilement séjour plus délicieux. A lui pouvait s'appliquer en toute vérité le mot du poète : « Elle serait bien sombre la douleur qu'une aussi belle nature ne parviendrait pas à calmer ! »

Le noble Gothard Palastrelli le savait bien : fuyant la peste, il s'y était retiré avec joyeuse compagnie, et pour bannir les tristes réflexions, il passait avec ses hôtes les journées entières en festins et en parties de chasse, — ce qui du reste était fort à son goût. Comme tous les gentilshommes d'alors, il entretenait une meute nombreuse ; ses limiers étaient si bien dressés, qu'il n'y avait point de halliers, si profonds qu'ils fussent, capables de les dérouter.

Or un jour, il advint qu'au moment où Gothard entouré de ses amis faisait bonne chère et tenait gais propos, un de ses chiens, — celui qu'il aimait davantage, — s'étant approché de lui, prit d'entre ses mains un pain tout entier [1] et s'enfuit au plus vite. A

---

[1] *Ex canibus unus ad mensam heri audaciùs progressus, cùm Gothardus discubuisset, panem, præter consuetudinem, ex ejus manu rapuit.* (Diedo, c. 3.)

quoi son maître n'ajouta pas grande importance. « Les valets, se dit-il, ne lui ont pas donné à manger. »

Le lendemain, le même fait s'étant renouvelé, Gothard irrité gronda vertement ses domestiques de ce qu'ils négligeaient de la sorte son levrier de prédilection. Ceux-ci protestèrent [1], sans pouvoir toutefois s'expliquer l'étrange manie de cet animal. Le noble seigneur se prit alors à réfléchir. Il lui parut, avec raison, qu'une conduite aussi extraordinaire pouvait cacher quelque chose de mystérieux ; il se promit d'en avoir le dernier mot, si pareille tentative se reproduisait. Au repas suivant, le chien ayant, selon sa coutume, dérobé un pain de dessus la table, Gothard se leva aussitôt et le suivit. Il le vit s'enfoncer dans la forêt, et s'arrêter bientôt à l'entrée d'une misérable hutte.

Là, sur un lit de feuilles sèches, gisait un homme jeune encore, dont la figure pâle

---

[1] *Irâ concitatus, servos quasi cibum cani non præbentes conviciis prosequitur. At illi: Cibum huic cæterisque canibus... præstamus...; et quid sibi hoc velit, ignoramus.* (Ibidem.)

attestait d'atroces souffrances. C'est à ses pieds que le charitable animal avait déposé son fardeau [1]. A la vue du pain qui lui était porté, le malade leva les yeux au ciel, et avec l'expression de la plus vive reconnaissance : « Merci, dit-il, ô mon Dieu, de ce qu'après m'avoir donné le breuvage, tu daignes m'envoyer en outre la nourriture ! » Puis il bénit et caressa son bienfaisant pourvoyeur [2], qui, de son côté, lui léchait les mains, ou poussait en bondissant des aboiements joyeux, témoignant à sa manière son respect et son affection.

Gothard contemplait avec une vive émotion cette scène touchante. Vraiment, pensait-il, la bonté divine était bien grande à l'égard de cet inconnu. Elle faisait autant pour lui que pour ses serviteurs les plus illustres. Comme le prophète Élie, comme Paul et Antoine furent jadis miraculeusement nourris au désert, ainsi l'était ce pauvre, dans la forêt de Sarmato.

---

[1] *Canem ergò ille insequitur, et ad cellulam beati Rochi conveniunt.* (Acta brevior., c. 2.)

[2] *... Eique, reclinato capite, panem porrexit; quem Rochus accipiens, canem benedixit.* (Died, c. 3.)

Désireux de connaître son nom et sa patrie, le noble patricien était sorti de derrière le buisson qui lui avait permis de tout voir sans être vu, et se dirigeait vers notre Bienheureux, quand il l'entendit s'écrier : « N'avancez pas, ô étranger, n'avancez pas, car je suis infecté de peste[1] ! »

A ce mot de peste, Gothard fut comme foudroyé ; son courage l'abandonna, et rebroussant aussitôt chemin, il revint dans son manoir, le cœur en proie à une profonde tristesse.

Quand le soir fut venu, ses amis se livrèrent à leurs jeux accoutumés, à leur gaîté folle et bruyante ; Gothard, lui, ne se dérida point. Même qui l'eût observé attentivement, eût aperçu des larmes dans ses yeux.

Le souvenir du pauvre pestiféré lui revenait sans cesse en mémoire. Il le voyait seul, au milieu des bois, privé de toute ressource. Et se rappelant sa dureté, il se disait à lui-même : « Misérable et aveugle que je suis, j'ai délaissé un serviteur du Christ !

---

[1] *Abi, inquit, amice, in pace bonâ, quia me violentissima pestis tenet.* (Acta brevior., c. 2.)

Mon chien, un être privé de raison, en a eu pitié; et moi qui suis homme et chrétien, je l'ai lâchement abandonné[1] ! »

Et cette réflexion pesait sur son âme comme un remords et la torturait. Il essaya de se dérober à ces pensées pénibles en se livrant au repos; mais le sommeil fuyait obstinément ses paupières. Il ne parvint à trouver un peu de calme, qu'après s'être promis d'aller, sans retard, au secours de l'homme de Dieu.

---

[1] ... *Cùm canis, irrationale animal,... panem portet, ideo qui hoc vidi, idem.... facere debeo, qui et homo et christianus sum.* (Acta brevior., ibid.)

CHAPITRE XVI

Comment Gothard renonça au monde et supporta, pour l'amour de Dieu, d'être méprisé et honni.

> *Si vis perfectus esse, vade, vende quæ habes et da pauperibus; et habebis thesaurum in cœlo.*
>
> Si vous voulez être parfait, allez, vendez ce que vous avez et le donnez aux pauvres; et vous possèderez un trésor dans le ciel.
> (S. Matth.)

> *Beati estis cùm maledixerint vobis...... propter me.*
>
> Bienheureux serez-vous quand les hommes vous maudiront..... à cause de moi.
> (S. Matth.)

L'aube paraissait à peine, que Gothard était déjà sur pied. Il avait hâte d'accomplir sa résolution généreuse. Sans rien dire à ses hôtes, il s'en vint trouver notre Bienheureux, et plein de regret pour sa conduite de la veille, il ne put s'empêcher de lui dire :

« Oubliez, vertueux étranger, mes torts
envers vous ; j'ai été bien cruel en vous
abandonnant. Mais Dieu m'a inspiré de
soulager votre infortune, et je ne vous
quitterai point que je ne l'aie fait. »

Roch le remercia, ajoutant qu'il ne devait
pas douter que cette inspiration ne vînt du
Ciel. Et comme Gothard s'apitoyait sur le
triste état du serviteur de Dieu, celui-ci en
prit occasion pour lui parler des joies de la souffrance, du néant des choses d'ici-bas, et du
bonheur d'appartenir à J.-C. Chacune de ses
paroles trouvait un fidèle écho dans l'âme de
son nouveau disciple. Naturellement bonne
et droite, elle s'ouvrait aux impressions de
l'amour divin, comme une fleur, desséchée
par des vents brûlants, s'ouvre à la rosée
bénigne [1], qui doit lui rendre ses vives nuances
et sa fraîcheur.

Cependant, toujours plein de son projet,
le noble Palastrelli ne voulut pas laisser plus
longtemps dans ce lieu désert celui qu'il con-
sidérait déjà comme un Saint. « Venez dans

---

[1] *... Divinâ Providentiâ... corda rore sui spiritûs
perfundit.* (Diedo. c. 3.)

ma demeure, lui disait-il, vous aurez là, pour vous soigner, mes domestiques et d'habiles médecins. »

A quoi Roch répondit : « J'ai en Dieu le meilleur des médecins. Je guérirai et bientôt, n'en ayez crainte. Quant aux domestiques, la Providence m'en tient lieu ; et je n'échangerai pas pour des lambris dorés le réduit où je souffre. »

Comprenant que cette résolution était inébranlable, Gothard n'insista plus. Il supplia seulement le Bienheureux de souffrir qu'on lui construisît une cabane mieux abritée. Roch y consentit ; et peu après, il pouvait se retirer dans son nouvel asile. C'est là, comme dans un sanctuaire privilégié, que l'illustre rejeton des Palastrelli venait tous les jours s'initier à la science du salut [1].

Les instructions de notre Bienheureux le touchaient encore moins que ses exemples. Plus il l'approchait, et plus il admirait sa vie, toute remplie de patience et d'héroïque abné-

---

[1] *Gothardum in Christi lege jugiter erudiit.* (Act. brev., cap. 2.)

gation. Le désir de quitter le siècle s'élevait dans son âme. L'amour de Dieu et la sainte honte de sa vie mondaine s'emparaient de lui. Il s'irritait contre lui-même, et regardant notre Bienheureux, il se disait : « A quoi tendent mes travaux et mes espérances ? Pourquoi, à l'exemple de ce saint homme, ne travaillerai-je pas à l'unique nécessaire ? » — Il parlait ainsi « tout bouleversé par l'enfantement d'une vie nouvelle, et son cœur changeait, et les flots de son âme roulaient frémissants [1]. »

N'y tenant plus : « Maître, dit-il un jour à Roch, que faut-il que je fasse ? »

— Ouvrons l'Évangile, répartit notre Bienheureux, et nous trouverons la réponse du Ciel. »

Il y avait, à cette époque, une manière de consulter la volonté divine qui était fort en usage [2]. On ouvrait les Saintes Écritures, et les versets qui tombaient les premiers sous les yeux, étaient considérés comme une sûre

---

[1] *Conf. S. Aug.*, liv. 8.

[2] *Summa Theol. S. Thom. secunda secundæ*. Quæst. 95, art. 8.

lumière de conduite. Dieu se plaisait souvent à bénir cette foi aussi confiante que naïve. Ayant donc ouvert le livre sacré, Gothard lut : « Si vous voulez être parfait , allez, vendez ce que vous avez et donnez-le aux pauvres [1]. »

« Voilà, ajouta Roch, le conseil de Dieu ; allez et exécutez ce que vous venez d'entendre. »

Là-dessus, le seigneur Palastrelli se mit en route pour son manoir, bien décidé à consommer son sacrifice. Le démon l'y attendait pour lui livrer un terrible assaut, ainsi du reste qu'il a coutûme de faire avec les âmes nouvellement converties. Les plaisirs de sa jeunesse, la vie libre et joyeuse qu'il avait menée jusqu'alors, ses beaux vêtements, son luxe, ses projets d'ambition , tous ces fantômes séduisants, en un mot, passaient et repassaient dans l'esprit de Gothard pour y laisser des souvenirs et des regrets. C'était un

---

[1] *Juxtà id Dominicum : « In sudore vultûs tui vesceris pane tuo » hortatur, ut redeat ad villam, atque omnibus bonis suis renuntians, sequatur viam Christi.* (Act. brev., c. 2.)

orage intérieur d'une violence inouïe. Que de fois, pour ne point succomber, il eut besoin de se redire la parole de Roch : « Allez et exécutez ce que vous venez d'entendre ! »

Enfin dépouillé de tout, ayant distribué aux pauvres de la contrée tout son avoir, il revint auprès de notre Bienheureux.

Ici se présenta une nouvelle épreuve. Roch et son disciple, après avoir passé de longues heures en colloques pieux, sentirent le besoin de prendre quelque nourriture. Mais le chien qui l'apportait habituellement, n'avait point paru [1]. Gothard inquiet, non pas tant pour lui que pour son maître bien-aimé dont la fatigue était extrême, demandait : « Où trouverons-nous un peu de pain ? »

A quoi le Bienheureux répondit : « C'est à la sueur de votre front qu'il faudra dorénavant le gagner. Allez donc par la ville et demandez aux bons chrétiens l'aumône, au nom de Jésus-Christ [2]. »

---

[1] *Tantùm sermones protraxêre, ut fame premi inciperent : admiratique sunt mirum in modum, canem, ut consueverat, panem non attulisse.* (Diedo, c. 3.)

[2] *Rochus hortatur ut.... in nomine Jesu panem petat. Ast Gothardus, præ pudore, id se vereri, ait.* (Ibid.)

C'était une chose pénible entre toutes pour le descendant des Palastrelli. « Jamais, s'écria-t-il, je n'en aurai le courage ! »

« Notre Seigneur et Maître, répliqua Roch, l'a bien fait, et après lui ses Apôtres. Pourriez-vous prétendre à la sainteté en refusant de marcher sur leurs traces ? »

Ces paroles déterminèrent Gothard. Triomphant de cette répugnance d'ailleurs bien naturelle, il partit plein de joie pour Plaisance [1].

Arrivé dans la ville, il frappa à une première porte. « Qui êtes-vous ? » lui dit-on. — « Je suis un mendiant de J.-C. » — « Vous êtes un fainéant, un vagabond qui courez le monde et enlevez les aumônes aux véritables pauvres. » Et ce disant, on lui refusa l'entrée de la maison, se gardant bien de lui donner quoi que ce fût. Et Gothard souffrit ces avanies sans trouble et sans violence. Il pensa humblement qu'on le prenait pour ce qu'il était ; et il remercia Dieu d'avoir permis qu'on le traitât de la sorte.

Il s'en vint à une autre maison et fit la même prière. « Partez, lui fut-il répondu, allez

---

[1] *Lætus Placentiam profectus est.* (Diedo, c. 3.)

à l'hôpital, car il n'y a rien à manger ici pour vous. » Cette fois encore, Gothard endura patiemment ces choses, et pardonna de tout son cœur à tous ceux qui l'avaient ainsi malmené.

Repoussé de partout [1], il se souvint alors d'un seigneur avec lequel il avait longtemps vécu dans l'intimité la plus profonde. Celui-ci du moins daignerait l'accueillir ! « Donne-moi, lui dit-il, un peu de pain pour l'amour de Dieu ! »

Mais son ami, ne voyant en Gothard qu'un dissipateur et un prodigue, lui fit les plus durs reproches : « Te donner quelque chose !... Mais comment donc as-tu pu dépenser un patrimoine aussi considérable !.... Ah ! je comprends : si tu avais eu moins de chiens et si tu les eusses nourris plus sobrement, tu ne serais pas aujourd'hui dans la misère. Tu es le deshonneur et la honte de ta famille. Va, scélérat ! au lieu de pain on devrait plutôt te donner la potence ou le billot [2] ! » Non content de l'insulter, cet

---

[1] *Ab omnibus ludibrio est habitus.* (Diedo, c. 3.)

[2] *Abi hinc, scelerate, abi familiæ tuæ dedecus, malleo securique dignus.* (Ibid.)

homme sans cœur, joignant les faits aux paroles, le poussa violemment dans la rue [1]. Et Gothard supporta cette cruelle injure, dans la pensée qu'il participait aux souffrances et aux opprobres du bon Sauveur Jésus. Pourtant, ce ne fut pas le moindre de ses chagrins que de se voir ainsi abandonné, outragé par le meilleur de ses amis.

Il continua de parcourir les différents quartiers de la ville, et il parvint, non sans peine, à recueillir deux pains. Il les porta à notre Bienheureux, en lui redisant les tribulations qu'il avait éprouvées. Roch le consola et lui fit comprendre le peu de valeur des amitiés humaines, roseau fragile sur lequel on ne s'appuie que pour être blessé. « Quant à cet homme, ajouta-t-il, qui, dans votre personne, a osé porter la main sur le pauvre de J.-C., il a déjà reçu son châtiment. La peste l'a saisi; il mourra avant la fin du jour [2] ! »

---

[1] *Ille Gothardo asperè convitiatur... expulitque eum irridens et iratus ab otio.* (Act. brev., c. 2.)

[2] *Amicus ille tuus, qui Dei servum despexit, peste sauciusque vitâ hâc luce migrabit.* (Diedo, c. 3.)

L'événement justifia la prédiction. Le gentilhomme inhumain mourut à l'heure dite par le Bienheureux ; et de plus , l'épouvantable fléau reparut dans Plaisance.

Sans doute, Dieu voulut par ces exemples montrer qu'on ne doit jamais mal accueillir ses chers amis les pauvres !

CHAPITRE XVII

**De ce qui se passa en la forêt de Sarmato ,
et des touchants adieux que se firent Roch
et son disciple.**

Seignor, ce n'est pas fable
Que je vos ai conté ;
Ains est chose créable
Escrit d'autorité....
. . . .
Por l'amor de Nostre-Seignor,
De totes choses creator,
Totes creatures amoit.

(Vie manus. de S. Fr. d'Assise. Bibl. roy.
Baluze, 7956 In-4° vel.)

*Magnus autem fletus factus est omnium , et pro-
cumbuntes super collum Pauli osculabantur eum ,
dolentes maximè in verbo quod dixerat quoniam
amplius faciem ejus non essent visuri.*

(Act. Apost., c. 20.)

Tous en même temps fondirent en larmes ; et se
penchant sur le cou de Paul, ils le baisaient, touchés particulièrement de douleur pour la parole qu'il
avait dite , qu'ils ne le reverraient plus jamais.

Le retour de la peste jeta de nouveau la
désolation dans Plaisance. Les habitants y

virent un châtiment du Ciel, et se reprochè-
rent d'avoir traité avec tant de dureté le serviteur de J.-C.

De son côté, Roch, qui n'ignorait pas les
souffrances de ce peuple, fut ému de compassion : « J'irai et le guérirai », dit-il ; et le lendemain, il reparaissait dans les murs de la cité.
Il s'appuyait sur un bâton et marchait péni-
blement, car sa faiblesse était grande, la plaie
de sa cuisse n'étant pas encore cicatrisée [1].

En voyant notre Bienheureux, les gens
de Plaisance conçurent une vive joie. S'ils
n'avaient craint d'effrayer son humilité, ils
lui eussent volontiers formé cortége et tâché,
par une sorte d'ovation, de réparer leurs torts
à son égard. On plaçait les malades sur son
passage, et il les guérissait [2]. Sa figure était
souriante, ses lèvres ne s'entrouvraient que
pour laisser tomber de consolantes paroles. Il
n'eut pas un seul mot d'amertume pour ce
peuple qui s'était montré si ingrat ! Arrivé à

---

[1] *Rochus nondùm liber, sumpto baculo illique in-
nixus Placentiam, ut potuit, proficiscitur* (Diedo,
c. 3).

[2] *Tangit et signo crucis liberat.* (Ibid.)

l'hospice, il y renouvela les prodiges qu'il y avait accompli quelque temps avant. Plaisance lui dut une seconde fois sa délivrance. Pour lui, sa mission terminée, il ne songea plus qu'à remercier Dieu et à regagner sa chère solitude.

Il était déjà tard [1]. Le soleil descendait à l'horizon et éclairait la forêt de ses derniers feux, projetant sur elle comme le reflet d'un vaste incendie. A mesure qu'il approchait, le Bienheureux apercevait, perchés sur les buissons du sentier où il cheminait, de nombreux petits oiseaux. Contre leur habitude, ils étaient là tristes, sans aucun chant et sans leurs joyeux battements d'ailes. Leurs plumes étaient hérissées, et leur petite tête se penchait comme sous le poids d'une vive souffrance.

A quelque distance, des tourterelles voletaient avec peine. On eût dit que du plomb était attaché à leurs ailes naguère si rapides.

Plus loin, c'étaient des agneaux maigres, décharnés, à la laine repoussante et qui

---

[1] *Sole autem ad occasum declinato, tugurium repetere constituit.* (Ibid.)

bêlaient douloureusement. Des loups, chose étrange ! se tenaient près d'eux ; et, sans songer à les dévorer, selon leur coutume, ils les suivaient timides et doux, de même qu'eût fait un chien fidèle.

Puis, échelonnés çà et là, étaient rangés les autres habitants de la forêt dans une attitude suppliante ; ils semblaient attendre une faveur de notre thaumaturge. Roch comprit ce que demandaient ces créatures du bon Dieu : malades de la peste, elles imploraient leur guérison [1].

Ayant donc invoqué le secours divin, il bénit les petits oiseaux et les tourterelles, et on les vit reprendre incontinent leur essort et leurs vives allures.

Il s'approcha ensuite des petits agneaux, que son père S. François avait en particulière dilection ; et cela, parce qu'ils étaient l'emblème du très-doux Sauveur Jésus. Il en prit un dans ses bras et lui dit avec tendresse : « Sois guéri ! » et tous les agneaux, poussant

---

[1] *Bruta quæque, adversâ valetudine vexata, ad Rochi pedes provoluta sanitatem poscebant.* (Diedo, c. 3.)

des bêlements joyeux , reprirent en bondissant le chemin de la bergerie.

Roch poursuivit ainsi sa route, bénissant à droite et à gauche les pauvres animaux , et il plut à Dieu de les guérir. Témoins de cette merveille, ses compagnons (c'étaient pour la plupart des malades que la reconnaissance avaient attachés à ses pas) étaient dans le ravissement et ne pouvaient assez louer Dieu de lui avoir donné pareille puissance.

Qui ne serait touché de cette tendre compassion de notre Bienheureux pour des créatures privées de raison? N'en soyons pas surpris : le cœur des Saints est ainsi fait, que trouvant partout l'image de Dieu , un reflet de son ineffable beauté , ils aiment toutes choses et toutes choses les aiment. Comment après cela, pourraient-ils voir souffrir une créature quelconque sans en être peinés et sans la secourir de toutes les richesses que le Ciel leur a départies ?

Peu de jours après, Gothard dut se rendre à Plaisance. Roch demeuré seul se livrait à l'oraison , lorsque, envahi par un sommeil mystérieux, il se laissa tomber sur les feuilles sèches qui lui servaient de couche. A ce moment,

Gothard rentrait de la ville. Il s'assit à côté de notre Bienheureux ; et, tandis qu'il admirait le rayonnement céleste de ses traits, il entendit une douce et exquise mélodie, et du milieu de cette mélodie une voix qui disait[1] : « Roch, fidèle ami de Dieu, la santé t'est rendue. Il est temps de retourner dans ta patrie. Là, tu subiras une dernière épreuve ; après quoi, le paradis deviendra ton partage. »

Un instant après, Roch ouvrit les yeux et appelant son disciple : « Où es-tu, mon bien-aimé ? »

— « Me voici », répondit Gothard en ajoutant : « Oh ! combien délicieuse était la voix que j'ai entendue ! »

— « Quoi ! tu as également ouï quelque chose ? »

— « Il est vrai », reprit l'heureux disciple[2].

— « Très-cher », répondit alors le Bienheu-

----

[1] *Gothardus ...... cùm jam esset junctus Rocho dormienti, audivit hanc vocem angeli : « Roche amice Dei...., ... jubet Dominus ut versùs patriam tuam gradum intendas.* (Acta breviora , c. 2.)

[2] *Rochus primò œstimans, neminem præter se, vocem illam audivisse, hunc quoque intellexisse didicit* (Diedo , c. 3.)

reux, « puisque le Ciel a permis que tu fusses témoin de cette merveille, ne révèle jamais ce que tu en sais. Garde le secret sur mon nom, et prie Dieu de me donner courage et force pour regagner la terre de France. »

Dès ce moment, n'ayant que quelques jours à rester avec Gothard, Roch en profita pour multiplier ses entretiens, lui livrant, pour ainsi dire, son testament spirituel.

Plusieurs âmes pieuses connurent aussi le prochain départ du serviteur de Dieu et vinrent de Plaisance, à dessein de recueillir ses dernières instructions. Il leur recommanda la fuite du monde, l'oraison et la solitude, ajoutant : « C'est au cœur que le Seigneur regarde, cherchez la charité [1]. Voilà la perle précieuse pour laquelle on doit laisser tous les biens d'ici-bas. »

— « Maître, s'écria Gothard, je ne serai jamais plus sûr de la trouver qu'à votre suite. »

— « Non pas », répliqua le Saint. « Telle n'est pas la volonté de Dieu. Très-doux

---

[1] *Illum sequere qui.... non fortunas nostras.... verum cordis ardorem requirit.* (Diedo, c. 3.)

ami, ta vie, comme celle des Paul et des Antoine, doit fleurir au désert [1]. »

Ces paroles percèrent l'âme de Gothard. Il avait bien pu renoncer à ses amis, à ses richesses, s'arracher à toutes les séductions du monde ;..... mais se séparer de son guide, de son maître dans les voies du ciel, il ne pouvait s'y résoudre. Tant il est vrai que les liens formés après avoir brisé tous les autres, sont les plus difficiles à rompre !

« Malheur à moi, s'écriait-il, que vais-je devenir ? Père vénéré, où allez-vous sans votre fils ? Qui me conseillera, qui me soutiendra désormais ? O Dieu, ô Dieu, vous ne sauriez exiger un tel sacrifice ! »

Cette fois encore néanmoins, la grâce finit par l'emporter ; et Gothard se résigna à la plus pénible des séparations. Roch, touché de la vertu de son disciple, le bénit, les larmes aux yeux, et l'embrassa avec une inexprimable tendresse. Puis, lui montrant le ciel :

---

[1] *Scito me omnia facturum, si modò tecum peregrinari passus fueris.... Pauli eremitæ dogmata, Hyeronimi, Antonii... instituta Gothardum edocet.* (Diedo.)

«Mon fils, dit-il, c'est là que nous nous retrouverons et pour ne plus nous quitter.»

Quelques heures plus tard, notre Bienheureux prenait son bâton et se dirigeait vers la terre de France.....

A quelque temps de là aussi, on voyait arriver sur un des plateaux les plus élevés de la chaîne des Alpes un pieux pèlerin. Qui était-il? d'où venait-il? Les bons paysans de la contrée se le demandèrent longtemps sans obtenir réponse. Ce ne fut que bien des années après, qu'ils reconnurent en lui un riche seigneur de Plaisance, lequel avait tout abandonné pour suivre J.-C. Ils admirèrent cet acte d'héroïsme; et, pleins de respect pour l'illustre solitaire, ils appelèrent de son nom le mont qu'il habitait : ils le nommèrent Saint-Gothard. Et lorsque, cueillie par la main divine, cette âme d'élite fut transplantée comme une fleur précieuse au paradis, le peuple la proclama sainte et lui dressa des autels [1].

----

[1] *Is passim sanctus nominatur* (Bolland. Annotat. in cap. 3. Vitæ S. Rochi.)

Dans l'église de Sainte-Marie de Bethléem, est une image représentant Gothard avec l'auréole des *Bien-*

Certes, Gothard a suivi les conseils de son maître. Sa vie tout entière s'est passée dans l'humilité. Elle n'a pas laissé, dans ce monde, plus de traces que n'en laisse dans les airs un cygne aux blanches ailes, s'envolant à l'automne vers un ciel inconnu !

---

heureux autour de sa tête. Au-dessus de cette peinture, on lit : *Gothard , disciple de S. Roch,*

CHAPITRE XVIII

**Comment notre Bienheureux, après avoir enduré
de grandes tribulations, termina son pèlerinage d'ici-bas; et comment il fut reconnu par
les siens.**

*Mittite virum istum in carcerem et sustentate eum
pane tribulationis et aquâ angustiæ.*
(Antiph. Festi S. Rochi.)
Jetez cet homme en prison, et nourrissez-le du
pain de la tribulation et de l'eau de l'angoisse.

Père adorable.... il faut que pour un peu de temps
votre serviteur soit abaissé, anéanti devant les hommes, brisé de souffrances,... afin de se relever avec
vous à l'aurore d'un jour nouveau, et d'être environné
de splendeur dans le Ciel.
(Imit. de J.-C , liv. 3, chap. 30).

Roch, ayant franchi les Alpes, se retrouva
sur les chemins du Languedoc qu'il avait

déjà parcourus. Il se hâtait vers sa patrie, qu'il n'avait pas vue depuis neuf ans. Il l'avait quittée simple pèlerin ; il y revenait avec l'auréole que donne la sainteté et l'éclat des miracles. Mais cette gloire ne paraissait point au-dehors : elle n'était vue que de Dieu et de ses anges. Qui l'eût rencontré dans les environs de Montpellier, l'eût pris pour quelque mendiant accouru vers cette ville pour y trouver nourriture et abri. Où notre Bienheureux dirigea-t-il d'abord ses pas ? Fut-ce vers le faubourg du Pila Saint-Gilles où les religieux du Saint-Esprit avaient fondé leur hospice ? Alla-t-il prier sur la tombe de ses parents dans la vénérable église de Maguelone [1], ou vint-il s'agenouiller devant l'antique majesté de Notre-Dame des Tables ?

---

[1] Au XIe siècle, sous l'épiscopat d'Arnaud Ier, fut établi à Montpellier le cimetière de Saint-Barthélemy près la chapelle Saint-Cléophas. On ne laissait pas néanmoins que d'inhumer à Maguelone, comme le témoignent ces lignes de M. Germain : « Le défunt qui de son vivant n'avait pas désigné de sépulture spéciale, pouvait être inhumé avec ses aïeux, soit dans les cimetières de Montpellier, soit dans le cimetière de Maguelone, » (*La paroisse à Montpellier au moyen âge.*)

Nul ne le sait. La tradition populaire dit seulement, qu'après avoir pénétré dans la ville, il s'assit, harassé de fatigue, sur un banc de pierre, situé à l'extrémité des deux rues Aiguillerie et Vieille-Aiguillerie [1].

Or, à cette époque, Montpellier était le théâtre des plus vives hostilités. Jacques II, roi d'Aragon, et Jaymes III, de Majorque, héritier du roi Sanche, se disputaient la possession de ce riche fief [2]. Comme il arrive d'ordinaire en temps de guerre civile, la méfiance régnait en souveraine; et la vue d'un étranger tel que Roch, poudreux, déguenillé, la barbe en désordre, devait au plus haut point éveiller l'attention. On se groupa donc autour de lui; on l'accabla de questions, auxquelles le Bienheureux ne répondit sans doute qu'imparfaitement. C'en

---

[1] Ce banc a disparu. On lui a fait expier, à la fin du siècle dernier, par une impie démolition, l'honneur d'avoir servi au Vincent de Paul de Montpellier. (Germain, *Études archéologiques sur Montpellier*, p. 19.)

[2] De Grefeuille, *Hist. de Montp.*, 2e partie, S. Roch. — Gariel, *Series præsul. Magal.*, *vita sancti Rochi*.

fut assez pour faire accroire à la foule qu'elle se trouvait en présence d'un espion [1].

Les plus empressés coururent chez le gouverneur pour l'en avertir ; et bientôt après, saisi par les archers et chargé de liens, le pauvre pèlerin comparaissait devant le tribunal de Guillaume de La Croix.

Roch n'eut pas de peine à reconnaître son oncle dans la personne de cet officier. Il n'avait qu'à lui dire un mot, à montrer le signe miraculeux , et sa délivrance était certaine.

Mais, comprenant que le Ciel ne voulait pas qu'il portât la croix seulement en sa poitrine, mais encore en sa vie, il se contenta de répondre à toutes les interrogations qui lui furent adressées : « Je suis un serviteur de J.-C., un pèlerin du bon Dieu ! »

Cette réponse, loin de satisfaire le lieutenant du roi de Majorque, ne fit que confirmer ses préventions ; il ne douta plus que cet inconnu ne fût un homme suspect, et

----

[1] *Pro exploratore natalis soli à popularibus captus* (Gariel , *ibid.*)

c'est pourquoi il donna ordre de le jeter en prison. Le Bienheureux fut donc enfermé sur-le-champ dans un sombre cachot. Nul rayon de lumière n'y pénétrait, et de ses murs couverts d'humidité s'exhalait une odeur fétide [1]. « O vierge Marie, s'écria Roch en pénétrant dans ce séjour infect, n'abandonne pas ton enfant, et donne-lui force et constance [2]. » Alors commença pour lui la plus rude, la plus longue des agonies. Il garda néanmoins au milieu de cette épreuve une sérénité inaltérable. Ses geôliers ne le virent jamais triste, ni irrité. Tout au contraire, son aménité envers eux était d'autant plus grande que ses souffrances devenaient plus vives. Ceux-ci le surprirent souvent à genoux, passant des nuits entières en prières. Pour ne pas trop céder au sommeil, il s'appuyait contre les murs de sa prison, n'accordant à son corps épuisé que de rares instants de repos sur la paille qui lui servait de couche.

---

[1] *Carcerem itaque ingressus, tenebrarum, fœtoris et scorpionum socius....* (Diedo, c. 4.)

[2] *Deum ac virginem Mariam orat, ne illum deserat* (Diedo, c. 4.)

Il ne mangeait d'aucun aliment cuit, tant sa mortification était grande ! Plusieurs fois on entendit le bruit des chaînes qu'il faisait retomber sur ses membres afin de les meurtrir, dans la pensée que toutes les gouttes de sang ainsi versées par la mortification, étaient recueillies une à une par les anges, et devenaient les fleurs de la couronne immortelle, objet de ses espérances et de ses vœux [1].

Si nous ne nous faisons illusion, ces quelques traits, quoique peu nombreux, projettent sur les dernières années de la vie de l'auguste prisonnier « je ne sais quel reflet de mélancolie sereine et de sainte lumière, comme on voit, au soir d'un beau jour, les ombres s'allonger sous les rayons du soleil couchant et envelopper tous les objets d'une teinte chaude et recueillie qui les grandit et en augmente le charme. »

Près de quatre [2] années s'écoulèrent ainsi,

---

[1] *....Hic igitur maximis laboribus, maximâ vitæ austeritate, vigiliis, verberibus corpus cædendo, tantâ abstinentiâ, ut coctum aliquid sumere luxuriam putaret...* (Diedo, c. 4.)

[2] Les auteurs diffèrent sur la durée de sa captivité. Diedo et les *Acta breviora* disent qu'elle fut de cinq ans

pendant lesquelles Roch ne cessa de reproduire l'image du Seigneur Jésus. Encore un peu, et il allait recevoir le prix de tous ses travaux. Le fruit n'était-il pas suffisamment mûr pour le Ciel? Mais avant que la main divine ne le détache de l'arbre de la vie, arrêtons-nous un instant à le considérer.

« Le Bienheureux était de petite taille, mais plein de grâce et de bel aspect. Il avait la face courte et pleine, la peau sans tache quoiqu'un peu rude, les yeux grands et modestement inclinés vers la terre, ce qui lui donnait un air pensif, et révélait la force de son âme; le nez ni trop long, ni trop gros, mais exactement proportionné; la barbe courte, peu épaisse et de teinte rougeâtre; les cheveux crépus, tombant sur ses épaules. Son cou paraissait court par l'habitude qu'il avait de le tenir incliné, comme font ordinairement les personnes timides; ses bras étaient charnus,

---

(Quinquennium ibi consumpsit, Diedo; — il expira, *in fine quinti anni*, Acta breviora.) — De Grefeuille la fixe à deux ou trois ans *(Vie de saint Roch.)* Pour tout concilier, nous avons cru devoir adopter une opinion intermédiaire.

ses mains très-blanches, ses doigts longs et effilés. Le reste de sa personne était sans défauts et plein de distinction et de noblesse.» C'est ainsi que nous l'a peint Gothard d'une main qui fut guidée par la piété la plus vive et la plus profonde affection[1].

Cependant Roch, quoique peu avancé en âge, touchait à sa fin prochaine. Sa longue détention autant que ses austérités avaient usé ses forces. L'approche de cette éternité si redoutée de la plupart des hommes ne le tourmentait néanmoins en aucune sorte.

Plus il se sentait dépérir et plus il se trouvait exilé sur la terre et soupirait après le ciel. Ne vous semble-t-il pas l'entendre s'écrier ?

Qu'il est long mon exil! Ah! quand viendra le jour
Où, brisant les liens qui la tiennent captive,
Mon âme ira, Seigneur, à vos torrents d'eau vive
S'enivrer et goûter les douceurs de l'amour [2]...

---

[1] *Patria, casata, educazione, è costumi di Gotardo, et come visse ne tempi del glorioso S. Rocco, cap. 4, autor. anonymo).* La famille Pallastrelli possède l'original de ce manuscrit qui porte la date de 1615. (Abbé Recluz.)

[2] P. Hermann. (Amour à Jésus Eucharist.)

Voulant se disposer d'une manière plus immédiate à paraître devant son juge, il demanda instamment un prêtre pour lui faire sa confession [1]. Il sonda son âme avec soin. Il n'y trouva rien, si ce n'est de ces légères faiblesses comparables à cette fine poussière qui s'attache, bien malgré lui, aux pieds du voyageur.

Après s'être entretenu avec son confesseur, on lui apporta les derniers sacrements, qu'il attendait avec grande impatience. Qui pourra dire la vivacité de sa foi et les ardeurs de sa charité en présence de la divine Eucharistie ? Assurément, celui-là seul qui voulut bien se faire son guide dans ce suprême pèlerinage. Ce qui en parut toutefois au-dehors suffit pour manifester aux assistants la grâce divine dont son âme était remplie : Son visage, au dire de son biographe, resplendissait d'une clarté merveilleuse ; et ses yeux lançaient des regards brillants comme le soleil, jusque là que la prison et le corridor, perdant toute

---

[1] .... *Custodem carceris.... rogat.... ut dominum suum oret.... quatenus ad carcerem mittat sacerdotem, cui Rochus moriens confiteatur.* (Acta brev., c. 2.)

obscurité, furent inondés de lumière [1]. Le prêtre admira fort ce prodige ; et s'inclinant respectueusement vers notre Bienheureux : « Quelles sont, lui dit-il, vos volontés dernières ? »

« Qu'on me laisse, répondit Roch, en complète solitude pendant ces trois jours. Ce sont les derniers de ma vie ; je désire les employer à méditer la très-sainte Passion de mon Sauveur Jésus [2]. »

Plusieurs bourgeois ayant appris ce qui s'était passé, arrivèrent pour le voir et l'entretenir. Ils ne le purent. Mais au récit des merveilles dont avaient été témoins les geôliers, ils blâmèrent hautement le gouverneur et ne s'étonnèrent plus des fléaux [3] qui depuis peu s'étaient abattus sur leur ville.

---

[1] *.... Sacerdos carcerem..... splendore perspicuum ingreditur..... Rochum deinde intuens, et faciem ipsius divinum quidquam spirare, fulgorem oculorum admiratus.* (Diedo , c. 4.)

[2] *Rogat ut per tres insequentes dies se solum in carcere.... quo meliùs et propiùs è vitâ decedens possit de sanctissimâ passione Christi meditari.* (Acta brev., c. 2.)

[3] Une grande sècheresse suivie d'une cruelle épidémie.

Evidemment la captivité de ce juste les avait amenés !

Cependant la fin du troisième jour arriva. Les forces de Roch baissaient visiblement. Il ferma les yeux comme pour s'endormir ; et, l'on entendit tout aussitôt une voix (c'était celle d'un ange) qui disait : « Roch , je viens de la part de Dieu pour recueillir ton âme. Si tu as quelque chose à demander avant de quitter ce monde, fais-le; Dieu est prêt à te l'accorder. » — Le malade levant alors les yeux au ciel : «Seigneur, dit-il, daigne par les mérites de ton doux fils, guérir de la peste tous ceux qui m'invoqueront[1] ! » Après quoi, il murmura une dernière prière et ses lèvres se fermèrent pour ne plus s'ouvrir[2]. Son martyre était consommé. Son âme avait échangé l'ingrate vallée des larmes pour les joies de la patrie ! C'était le lendemain de la très-glorieuse Assomption de la Vierge, le

---

[1] *In fine dici tertii, angelus Domini ad illum venit: Roche..... si quid optas.... nunc id petere debes. Rochus ergo rogavit.... ut omnes Christiani qui piè.... memoriam suî fecerint, à peste liberarentur.* (Acta brev., c. 2.)

[2] *Oratione factâ, expiravit.* (Ibid.)

16 d'août 1327. — Notre Bienheureux venait d'accomplir sa 32e année [1].

Tandis que Roch prenait ainsi possession du royaume céleste, son oncle, informé de ce qui avait eu lieu précédemment, se rendait à la prison. Les portes en ayant été ouvertes, on trouva le corps du Bienheureux étendu par terre et sans vie. Des flambeaux ardents rayonnaient autour de sa tête et de ses pieds [2]. Près de lui, on apercevait des tablettes sur lesquelles étaient gravées en lettres d'or le nom de Roch et son merveilleux pouvoir contre la peste [3]. Guillaume de La Croix et sa suite étaient dans la stupeur et l'admiration. Sur l'ordre du gouverneur, les saintes dépouilles du pèlerin mystérieux furent portées à l'église voisine. Déjà la foule, à la nouvelle d'un si grand événement, était accourue et

---

[1] Nous répèterons, à propos de cette date, ce que nous avons dit précédemment de celle de la naissance : nous avons adopté l'opinion qui réunit le plus de suffrages.

[2] *.... Cereis totum sanctum corpus illustrabatur.* (Act. brev., c. 2.)

[3] *Invenerunt prætereà sub ejus capite tabulam aureis litteris divinitùs perscriptam....* (Ibidem.)

avait envahi l'enceinte sacrée. Les yeux et le cœur fixés sur le précieux cadavre, elle ne se lassait pas de prier et de regarder....

En ce moment, entre la mère du vice-roi, femme aussi vénérable par son âge que par sa vertu. Elle lit les tablettes aux caractères d'or ; et frappée de ce nom de Roch qui lui rappelait le sien, elle s'approche respectueusement du Bienheureux et découvre sa poitrine [1]. O surprise ! Au côté gauche, apparaissait l'empreinte d'une croix, couleur de pourpre. A cette vue, la noble dame se jette sur le corps de son petit-fils, le couvre de baisers, et à travers ses larmes et ses sanglots, elle dit au gouverneur : « Ce prisonnier, mon fils, est votre saint neveu !.... Que le Ciel vous pardonne de l'avoir fait tant souffrir [2] !...»

En entendant ce cri, le cœur de Guillaume de La Croix se brisa d'angoisse. Il supplia le Saint de lui obtenir miséricorde : « S'il l'avait ainsi maltraité, c'était à son insu et sans le savoir. »

---

[1] *Corpus adeamus, in cujus pectore si crucem comperiamus, hunc esse scito.* (Diedo, c. 4.)

[2] *Quâ cruce inventâ, mater principem objugare cœpit.,..* (Ibid.)

Pour expier, autant qu'il était en lui, la colère divine qu'il croyait avoir méritée, il fit faire à notre Bienheureux de magnifiques obsèques. Montpellier y vint tout entier. Or, pendant la triste cérémonie, le gouverneur allait se frappant la poitrine et disant : « Sire Dieu, pardonne-moi d'avoir *laissé croupir* un si long temps *mon sang, mon bienfacteur* [1] *et une si haute vertu, dans la prison des plus mesprisez !* »

---

[1] Notre Bienheureux était vraiment le bienfaiteur de son oncle, puisque en quittant Montpellier, il lui avait laissé tous les biens dont la loi ne lui permettait pas de disposer en faveur des pauvres. *Patruo oppidis, quæ à patre susceperat, præfecto.... [relictis] ipse in Italiam proficisci statuit.* (Diedo, c. 2.)

CHAPITRE XIX

**Des hommages qui furent rendus à notre Bien-
heureux immédiatement après sa mort.**

Quasi aurora consurgens.
Comme une aurore naissante.

(Cant. des Cant.)

« A la différence de la plupart de gloires
humaines, celle des élus de Dieu ne commence
sur la terre, comme dans le ciel, qu'avec leur
mort. Il semble que dans sa paternelle sollicitude, le Seigneur ait voulu mettre toujours
leur humilité sous la protection de l'oubli ou
des injures de ce monde, jusqu'à ce que leur
dépouille mortelle reste seule exposée à ses
dangereux hommages [1]. » Aussi, à peine
notre Saint a-t-il accompli le douloureux

---

[1] Montalembert, *Vie de Ste. Elisabeth.*

pèlerinage d'ici-bas, que son corps devient l'objet de la vénération publique ; et ce pauvre de J.-C., qui hier encore était méconnu de ses compatriotes et traité par eux comme un vil prisonnier, va prendre bientôt [1] une large place dans leurs préoccupations, que dis-je? dans les préoccupations de l'Église entière.

On aurait dit que son culte était impatient de naître. Gariel, le docte chanoine de Maguelone, nous apprend, qu'au lendemain de la mort de notre Bienheureux, une chapelle fut bâtie afin d'abriter ses précieux restes. Là, venait souvent s'agenouiller un vénérable gentilhomme, à la figure triste, et dont la tête ployait comme sous le poids d'une immense douleur. C'était le Gouverneur de Montpellier, Messire Guillaume de La Croix. Que de fois on le surprit pleurant à chaudes larmes et se frappant la poitrine pour implorer miséricorde! Depuis sa fatale méprise, l'oncle de notre Bienheureux ne croyait

---

[1] On ne peut guère douter que la dévotion particulière du peuple au tombeau de S. Roch n'ait commencé dès le jour de sa sépulture, et qu'elle n'ait toujours été en augmentant. (Baillet, *Vie des saints*, art. S. Roch.)

jamais pouvoir atteindre la mesure de l'expiation ; et cependant, ajoute la chronique, Dieu l'assurait du contraire et lui en donnait l'indubitable preuve, en multipliant les signes et les miracles autour de lui [1]. Attirés par ces prodiges, les Montpelliérains accoururent volontiers dans le sanctuaire que le vice-roi avait fait élever en l'honneur de son saint neveu, et s'empressèrent de solliciter le protecteur illustre que, dans sa bonté, le ciel leur avait donné. Ils regardèrent son corps comme un trésor précieux ; et de quel respect ne l'environnaient-ils pas ! Il n'est pas jusqu'à la maison [2], où notre Bienheureux était né, le

---

[1] « Expiant sa faute par ses larmes, il (Guillaume de La Croix) fit porter son très-saint corps (celui du Bienheureux), à l'église et en fit bâtir une, où par plusieurs années, on la *vit reluire de signes et de miracles.* » (Brev. Mag., Gariel.)

[2] Cette maison est située à l'angle formé par les deux rues du Cardinal et du Trésorier-de-France. Elle a été complètement remaniée : rien ne survit, excepté le puits, de l'édifice du moyen-âge. Pendant longtemps, les Trinitaires y vinrent en procession une fois par an, la veille de la fête de S. Roch. Les Montpelliérains continuant cette pieuse tradition s'empressent d'accourir, le 15 août, au puits de saint Roch,

banc [1] sur lequel il s'était assis, le bâton [2] qui l'avait soutenu dans ses pérégrinations saintes, qui n'eussent leur part dans ces hommages.

---

et aiment à boire son eau, afin d'être préservés de toute maladie contagieuse.

[1] «.... Les personnes qui l'ont vu se rappellent que les enfants, par respect, s'abstenaient de jouer dessus, quoiqu'ils aimassent beaucoup à s'y asseoir. On avait enchâssé autrefois, dans la muraille de la maison à laquelle il était adossé, une image de S. Roch, sculptée en relief sur une grande pierre. Cette pierre étant venue un jour à se détacher, au moment d'une dispute, et étant tombée sans blesser personne, on considéra ce phénomène comme une intervention du Saint, et on se réconcilia, dit-on, aussitôt. On la remplaça par une petite statue, devant laquelle le Clergé de Notre-Dame fut longtemps dans l'usage d'aller faire station chaque année. (Germain, *Hist. de la comm. de Montp.*)

[2] « Le bâton avec lequel S. Roch fit ses voyages, se conserva longtemps dans le couvent des Trinitaires de Montpellier : il était renfermé dans une armoire bâtie dans une chapelle construite en l'honneur du Bienheureux ; on allait voir ce bâton avec beaucoup de dévotion le jour de sa fête. Ce bâton avait été donné aux religieux Trinitaires par Mme de Saragosse, qui se disait de la famille de S. Roch. Il fut brûlé pendant la révolution de 93.

Les Bollandistes mentionnent un autre bâton de S. Roch que possédait, à la même époque, la famille

On aimerait à retrouver des faits plus nombreux et plus particuliers constatant la vénération rendue à saint Roch par ses compatriotes. Mais la haine, hélas ! s'est acharnée sur les recueils d'un autre âge qui en conservaient le souvenir ; et, plus implacable que le temps lui-même, elle a tellement réussi dans son œuvre de destruction, qu'elle n'a laissé subsister ni un débris de la vieille chapelle, ni une page commémorative des faveurs octroyées par notre Bienheureux.

Combien de temps les restes du saint Thaumaturge reposèrent-ils dans la tombe, qui avait été creusée le jour même de sa mort ? Quittèrent-ils bientôt ce premier berceau de leur gloire pour trouver en l'église de Saint-Dominique un asile plus digne d'eux ? Ici encore, absence complète de documents. Tout ce que nous savons, c'est le soin qu'a pris la Providence de veiller sur ce dépôt vénérable, afin de l'empêcher de périr.

Ce que nous n'ignorons pas non plus, c'est

---

de La Croix de Castries. Ces deux témoignages ne s'excluent pas, car S. Roch a pu avoir deux bâtons. (Germain, *Hist. de la comm. de Montp.*)

la vénération profonde dont saint Roch était l'objet dès la fin du XIVe siècle, en dehors même de sa ville natale. Le fait suivant, rapporté par Arturus [1] en est la preuve incontestable. Un illustre maréchal de France se rendait à Aigues-Mortes pour y prendre le commandement d'une flotte destinée à combattre Bajazet. Il avait nom Jean le Maingre, dit Boucicaut. C'était un homme de grande vaillance : on l'avait vu, dès l'âge de quinze ans, prendre une part active à la bataille de Rosbecq ; et combattre, comme un preux chevalier, aux côtés du roi Charles VI [2]. Depuis, sa gloire n'avait fait que croître ; et sa conduite dans l'affaire du schisme, venait de prouver qu'il était aussi habile négociateur qu'intrépide capitaine. Grâce à lui, en effet, la pacification de l'Église semblait désormais accomplie : l'antipape Benoît XIII (Pierre de Lune), pressé vivement dans son palais à Avignon, avait été obligé de se constituer

---

[1] *In notis ad martyrologium Franciscanum, vid. Bolland. de S. Rocho, confessore.*

[2] *Hist. du maréchal de Boucicaut;* à la Haye chez Gosse et Néaulme, MDCCXXVII.

prisonnier avec une partie des Aragonais qui soutenaient sa cause [1]. Le passage de Boucicaut à travers nos provinces fut un véritable triomphe. Partout on l'acclamait comme le libérateur de l'Église, et les populations ne savaient comment lui exprimer leur reconnaissance. Dès qu'on apprit son arrivée prochaine dans la cité de Montpellier, le bayle et les consuls se portèrent à sa rencontre, afin de le saluer et de lui offrir leurs bons offices. « De tout ce que vous pouvez me donner, répartit le noble sire, il n'est rien qui me plaise à l'égard du corps béni de Monseigneur saint Roch ; j'ai pour lui une vénération singulière ; ne voudriez-vous point m'en céder quelque parcelle ? » A quoi les consuls, le bayle et le peuple furent heureux de consentir, ne pensant pas payer trop cher le service signalé que cet éminent personnage venait de rendre à la chrétienté. Ils lui remirent donc une partie notable de la sainte relique, qu'il

---

[1] A quelque temps de là (1403), Benoît ayant trouvé le moyen de s'évader d'Avignon, le schisme reparut. Il ne fut définitivement éteint qu'à la mort de l'obstiné vieillard, qui arriva l'an 1424.

reçut avec la plus vive reconnaissance. Ceci se passait dans l'année 1399. Plus tard, Boucicaut, pensant que les restes d'un élu du ciel seraient plus convenablement logés en la demeure des religieux qu'en celle même d'un maréchal de France, la céda aux Trinitaires d'Arles, qu'il avait en particulière estime. Ces bons religieux la déposèrent dans une châsse de métal de grand prix. Un artiste demeuré inconnu, — à cette époque on travaillait pour Dieu et non pour la vaine gloire — recouvrit ce monument d'admirables ciselures, et pour couronner son œuvre, le surmonta de la statue en vermeil de notre Bienheureux. Cette statue n'avait pas moins de trois pieds de haut. Mais tous ces témoignages, si éclatants qu'ils fussent, n'étaient que l'aurore d'un culte dont le plein jour allait bientôt se lever sur le monde.

CHAPITRE XX

Comment notre Bienheureux fut acclamé par les Pères de Constance, et des nombreux miracles dus à sa puissante intervention.

Filius accrescens Joseph.
Mon fils Joseph va toujours croissant.
(Genèse).

Nous l'avons vu : le culte de notre Bienheureux avait fleuri comme spontanément sur sa tombe. Dès le XIVe siècle, ses reliques étaient convoitées par d'éminents personnages ; des hymnes populaires étaient chantées à sa louange ; des autels étaient dressés en son honneur ; et, sur les murs des églises, on commençait à voir resplendir sa radieuse figure. Pourquoi cette glorification immédiate lui était-elle donnée, tandis que d'autres saints n'obtiennent que longtemps après leur

mort la belle auréole de la vénération publique? Pourquoi saint Joseph, par exemple,
n'a-t-il été surtout glorifié que de nos jours?
Pourquoi y a-t-il, dans les profondeurs de
l'espace, des étoiles dont la lumière ne nous
parviendra, au témoignage de la science, que
dans des milliers d'années? Pourquoi le dogme
de l'infaillibilité, caché depuis l'origine de
l'Église dans les plis de la tradition, n'a-t-il
été promulgué qu'au XIXᵉ siècle par les lèvres
augustes de Pie IX? Ce sont là tout autant
de secrets dont Dieu se réserve le dernier
mot. Ici cependant, dans la vie de notre Saint,
l'intention de la Providence paraît visible, et
l'on croit, en observant de près, trouver sans
peine la raison de la manifestation hâtive du
culte de saint Roch. La mission de notre
Bienheureux était d'être l'ange protecteur des
pauvres pestiférés. Sur les tablettes miraculeuses recueillies près de sa couche funèbre,
on avait lu ces mots : « *Erit in peste patronus;*
en lui vous trouverez un protecteur assuré
contre la peste. » Le souvenir de ses récents
miracles était dans tous les esprits, et sa douce
mémoire planait tout naturellement sur les
larmes et les désolations que le fléau pouvait

engendrer. Aussi, quand dans les siècles suivants la peste vint, menaçante et terrible, décimer l'Europe à plusieurs reprises, d'instinct les peuples se tournèrent vers S. Roch, tendirent vers lui leurs mains suppliantes, et implorèrent à grands cris sa puissante protection. Cette voix de nations était comme le prélude de la voix de Dieu ; et cette confiance universelle semblait appeler la haute et solennelle sanction de l'Église. Elle ne tarda pas à venir, et voici dans quelles conjonctures.

Un Concile général était réuni dans Constance (1414). Cette auguste assemblée avait une grande mission à remplir, celle de rejoindre les membres déchirés de l'Église et de faire resplendir d'un nouvel éclat le mystère de l'unité qui avait été voilé un instant. A elle aussi, en mettant fin au schisme, d'arrêter le monde dans les voies tristes et dangereuses où, malgré Dieu et son Église, il semblait vouloir se précipiter. Déjà, des esprits passionnés et haineux avaient donné le signal de la révolte : Wiklef, Jean Huss, Jérôme de Prague élevaient la voix, et leurs déclamations violentes présageaient la prochaine apparition du protestantisme. C'étaient comme les rafales impétueuses qui d'ordinaire précèdent le moment de l'orage. Or, tandis que les Pères de Constance, assis au gouvernail de l'Église, s'efforcaient de diriger la nacelle divine à travers les écueils menaçants du schisme et de l'hérésie, le démon, dit un auteur contemporain, résolut de neutraliser leur zèle et de rendre leurs efforts impuissants. A cet effet il envoya la peste. Ne pouvant pas, ajoute Diédo [1], submerger la barque de Pierre, l'esprit du mal tenta, par ce moyen, de la laisser longtemps encore à la merci des flots. Et ses projets néfastes furent sur le point de se réaliser. Effrayés par l'apparition du fléau, les Pères du Concile songeaient déjà à se séparer, quand un jeune homme d'origine allemande, se permit de leur dire, avec une sainte liberté, que leur devoir était de ne point abandonner Constance, sans avoir terminé l'œuvre, si heureusement commencée, de la pacification de l'Église. « Au reste, ajoutait-il, vous pouvez, mes Pères

---

[1] *Dei Ecclesiam Petrique naviculam, si naufragare non possent, illam saltem agitare ac turbare conarentur.* (Diedo.)

et Seigneurs, éloigner la contagion en invoquant saint Roch. »

On accueillit cette parole comme un avertissement du Ciel ; et à quelques jours de là, dit le docte Baronius, on fit une procession solennelle d'une insigne magnificence[1]. En tête était portée l'image de notre Bienheureux. Les Pères du Concile suivaient en habits pontificaux, portant la mître en tête et la crosse dans leurs mains. On remarquait parmi eux le Pape Jean XXIII, le cardinal Jordan des Ursins et le savant archevêque de Cambrai, Pierre d'Ailly, le cardinal Othon Colonne, depuis pape sous le nom de Martin V. Venaient ensuite les patriarches d'Antioche et de Constantinople, un nombre considérable

---

[1] « *Scribit Diedus, eum.... anno* MCDXIV *innotuisse Patribus concilii Constantiensis, quorum decreto ad propulsandam ingruentem luem eidem honores sancti debiti sunt impensi : nàm et solemni pompâ ejus imaginem, omni comitante populo, per Urbem detulerunt : quo facto, illa pestis mox evanuit. Indè verò exemplum sumptum est, ut ubique locorum ejus venerandæ imagines, altaria, sacella, ac denique templa erecta fuerint* (Baronius, in notis ad Martyrol. Rom.)

d'Évêques, entre autres ceux de Ratisbonne et de Salisbury. Quand le cortége des théologiens parut, la foule examina avec un sentiment de vive curiosité les traits de l'illustre et pieux Gerson. Avec non moins de curiosité, elle regarda le roi Sigismond et sa cour, tout étincelante de pourpre et d'or; les ambassadeurs des diverses nations catholiques, et le grand maître des Rhodes, Philibert de Naillac. Sur tout le parcours, le clergé et les religieux chantaient des hymnes; les trompettes mêlaient par intervalles leurs sons retentissants aux chants pieux; une multitude infinie de lumières brillaient dans les mains du peuple. L'enthousiasme était à son comble; il n'était pas de cœur si dur qui ne fût touché. Toute la ville, que dis-je? toute la chrétienté était là, dans la personne de ses représentants, à genoux devant saint Roch.

Cette supplication solennelle finie, ajoute Baronius, la contagion disparut soudain [1]. C'était un nouveau miracle que venait d'opérer la toute-puissante intercession de notre Bienheureux.

---

[1] *Quo facto, illa pestis mox evanuit.* (Baron., ibid.)

Le souvenir d'un aussi éclatant prodige fut soigneusement conservé; les livres liturgiques le racontèrent dans leurs pages bénies ; les évêques, revenus dans leurs divers diocèses, en entretinrent leurs peuples, et dès ce moment les Souverains-Pontifes s'attachèrent, par des actes successifs, à développer la gloire de notre saint Thaumaturge [1], gloire qui atteignit son apogée le jour (1625) où le pape Urbain VIII, d'heureuse mémoire, appliquant à saint Roch les règles sévères qu'il venait de prescrire pour la canonisation des saints, reconnut *expressément* la légitimité de son culte, et fixa la date de sa fête au 16 d'août, anniversaire de sa mort bienheureuse.

Dieu se plut à manifester la sainteté de son serviteur par une foule d'autres miracles opérés à son tombeau, ou dus à l'invocation de son nom. Pendant sa vie terrestre, notre Bienheureux avait mis un incomparable dévouement au service des pestiférés : du haut du Ciel il ne montra pas moins de sollicitude.

---

[1] Grégoire XIII , entre autres , fit insérer son nom dans le Martyrologe romain. (Baillet.)

Il sembla même que les pauvres malades avaient gagné à la nouvelle et plus abondante puissance dont Dieu l'avait investi. Ils possédaient en lui un médecin tout céleste : que de guérisons ne devait-il pas opérer ! A la vérité, nous ne rencontrons pas dans l'histoire de notre Bienheureux ces détails touchants, ces suaves écrits qui s'épanouissent comme des fleurs d'outre-tombe sur les dépouilles vénérées de certains élus de Dieu. Mais cette lacune n'est point à regretter. A leur place, nous avons la nomenclature des villes entières qui lui doivent leur salut : Rome, Plaisance, Brescia, Paris, Salon en Provence, Marseille, Amiens, Beauvais, Arras, Auch, Tournay, Montargis, ont ressenti les effets de sa puissante intercession [1].

La délivrance de Frascati est surtout célèbre [2]. Voici comment l'histoire la raconte :

---

[1] .... *Per eâ quoque tempore (1490) hœc teterrima lues Ambianos, Bellovacos, Atrebates, Nervios, innumerasque alias Galliœ Celticœ ac Belgicœ urbes invaserat : ad quas simul ac divi Rochi nomen allatum est, colique illic et venerari cœptum est, repentè totus furor ille morbi deferbuit.* (Pinus, in vita Sancti Rochi.)

[2] *Apud Bolland, de Sancto Rocho*, § 4.

En l'année 1656, la peste y faisait de grands ravages. Or, le matin du Dimanche 18 juin, tandis qu'une dame se trouvait dans l'église Santa Maria del Vivario, suppliant le Seigneur d'éloigner le fléau de sa patrie, tout-à-coup un mouvement étrange se produisit au mur d'une des nefs latérales. Le ciment, dont il était revêtu, se soulevait et se gonflait à vue d'œil. Témoins de ce prodige, deux clercs s'empressent de sortir et d'appeler les voisins. Le bruit de ce fait extraordinaire se répand à l'instant dans la ville; l'Évêque suffragant accourt suivi d'une foule considérable. En ce moment, le ciment qui avait continué de se détacher mettait à nu la forme d'un bras. Persuadé qu'une peinture miraculeuse était dessous, Mgr. Bottoni ordonna aux ouvriers, pour hâter son apparition, d'enlever la croûte épaisse qui la dérobait aux regards. Mais le ciment résista à tous les efforts; on ne put le faire tomber. Ce ne fut que peu à peu et comme volontairement, qu'il se détacha, laissant voir deux personnages, dont l'un portait le costume de pèlerin et montrait avec la main gauche la plaie de sa cuisse; et l'autre présentait sur un corps tout couvert de sang une multitude de flèches qui l'avaient percé. On ne pouvait s'y méprendre : c'étaient les deux protecteurs du peuple contre la peste : saint Roch et saint Sébastien. Or la découverte de leurs images, en ces conjonctures difficiles, fut regardée par tous comme l'annonce prochaine de la disparition du fléau. De fait, il quitta bientôt la cité.

Impossible à nous de retracer les autres guérisons miraculeuses. L'histoire de notre Bienheureux, depuis sa mort, disent les graves Bollandistes, est un prodige perpétuel [1]. A celui qui avait préféré à tout, sur la terre, l'abjection et l'oubli des hommes, Dieu sembla vouloir confier, pour gage de son triomphe, le plus éclatant pouvoir.... N'avait-il pas dit dans son saint Évangile : Celui qui aura quitté, pour me suivre, son père, sa mère, ses frères, ses sœurs et ses biens, recevra, dès ce monde, le centuple et possédera la vie éternelle !....

---

[1] *Continuum, ut itâ dicam, in hujusmodi tollendo miraculum.* (Bolland.)

CHAPITRE XXI

De l'enlèvement des reliques de notre Bienheureux et de la magnifique chapelle qui lui fut bâtie à Venise.

> *O felix culpa !*
> O l'heureuse faute !
> (Office du Samedi-Saint).

Depuis le jour où le maréchal de Boucicaut avait confié aux Trinitaires d'Arles le don qu'il avait reçu, la cité et les bons religieux ne se possédaient pas de joie. Que pouvaient-ils craindre désormais possédant un tel palladium ? On ne fut pas longtemps sans leur envier ce précieux trésor. Déjà, en 1501, et sur l'ordre du pape Alexandre VI, plusieurs parcelles en étaient données à divers monastères fondés récemment dans le royaume de Grenade. Rome, Marseille, Turin, Paris réclamèrent à leur tour et obtinrent quelques ossements du Bienheureux. Les demandes se multiplièrent à tel point, qu'en 1616, le général de l'Ordre, craignant que ces vénérables reliques ne fussent en peu de temps complètement dispersées [1], ordonna qu'à l'avenir on n'y toucherait plus, et cela sous *peine d'excommunication*.

Pourquoi les compatriotes de saint Roch ne prirent pas ces précautions? Pourquoi ne placèrent-ils pas, eux aussi, sous la sau-

---

[1] Les principales reliques sont à Arles et à Venise. Quelle est celle de ces deux villes qui a le corps de saint Roch ou tout au moins la très-grande partie? Les Bollandistes n'osent se prononcer.

Rome possède un bras de notre Saint, réparti dans trois églises, Saint-Roch, Saint-Sébastien *extra muros*, et Saint-Marcel. Turin a la partie supérieure du fémur gauche; Césène, une dent molaire; Anvers, une partie de l'épine dorsale et du menton; Villejuif, l'os spondyle; Paris, un os du bras droit, dans l'église placée sous le vocable de notre Bienheureux; Douai en Flandre, une portion de la tête; Montpellier, diverses parcelles du corps et un tibia, dû au zèle infatigable de M. l'abbé Recluz; Bruxelles, Prague, Cologne, Dindermonde, Saint-Laurent de l'Escurial en Espagne, ont aussi le privilége de posséder quelques reliques du Bienheureux.

vegarde des peines ecclésiastiques le corps du Bienheureux qui reposait en leurs murs ? S'ils l'avaient fait, ils n'auraient pas eu la douleur de perdre ce dépôt auguste que la Providence leur avait confié....

Vers le commencement de l'année 1485 [1], douze [2] religieux, portant la couronne monacale et le costume des enfants de S. Benoît, abordaient au port de Lattes. Arrivés à Montpellier, ils se rendirent au sanctuaire qui protégeait les restes de notre Bienheureux. Ils venaient, disaient-ils, au nom du peuple Vénitien décimé par la peste, invoquer le

---

[1] *Cœterum in anno 1485, quo translatio ista narratur accidisse, satis inter auctores convenit.* (Boll., N° 54.)

[2] D'autres disent deux. Au reste, voici ce qu'écrivait à ce sujet Philippe de Bergame ;

— ....« *Certiùs de Translatione nobis constat, quam de modo, quo peracta est, alis aliter illam referentibus.*

« *Ejus (Rochi) autem sanctum corpus hoc anno, qui est MDLXXXV, Venetias à quibusdam furtìm delatum, à senatu et cuncto populo tantâ cum devotione et gloriâ exceptum est, quantam quis scriptor enarrare posset : eidem omni statìm templum celeberrimum ingenti impensâ construere cœperunt* » (Jacobus Philippus Bergamensis. in supplemento chronicorum.)

secours de saint Roch. L'heure de fermer les portes de la chapelle était venue, ils demandèrent la faveur de passer la nuit près de la châsse du Saint. Touchés d'une telle dévotion, les gardiens ne firent aucune difficulté. Cette demande paraissait si naturelle ! Mal leur en prit toutefois ; car, après le départ des étrangers, on s'aperçut que les reliques avaient disparu [1]. Grande fut la désolation des Montpelliérains lorsqu'ils apprirent ce vol audacieux. Ne venaient-ils pas de perdre leur protecteur et leur appui ?

Pendant ce temps, les heureux spoliateurs se dirigeaient à toutes voiles vers les rives que baignent les derniers flots de l'Adriatique. A la nouvelle de leur arrivée, tout le peuple de Saint-Marc accourut, se livrant aux

---

[1] De tels larcins n'étaient pas rares alors (*voir notre Introduct.*), et les Vénitiens, en particulier, étaient coutumiers du fait. Seulement ils trouvaient quelquefois leurs maîtres, témoin ce passage d'Hurter : « Quand on apprit à Gênes, que les Vénitiens étaient partis de Constantinople chargés de leur butin sacré (c'était une relique insigne de la vraie Croix), un Génois équipa deux bâtiments armés et le leur enleva..... »

(Tableau des Instit. de l'Égl. au moyen-âge, tom. 3.)

transports d'une joie inouïe. Cependant les religieux découvrent les draperies qui enveloppent le corps de l'élu de Dieu. Ce n'étaient plus que des os arides ; mais quel délicieux parfum s'en exhalait ! Personne n'avait jamais rien senti d'aussi suave. C'était comme une effluve d'immortalité ! Après que le patriarche *Gérard* eut contemplé et baisé avec respect ces restes sanctifiés, il les enferma dans une châsse pour les porter dans l'église de Saint-Julien, où ils devaient être provisoirement déposés. Le doge, le conseil des dix, une longue file de prêtres et de moines suivaient. De tous côtés, retentissaient des acclamations enthousiastes auxquelles se mêlaient les plus ferventes prières. Tout le monde désirait toucher, baiser la châsse, et les clercs et les nobles membres de la confrérie de Saint-Roch, qui formaient cortège autour d'elle, n'avançaient qu'avec peine.

Vraiment, quand un homme s'est sacrifié complètement pour Dieu, quand autour de son front l'auréole de la sainteté a resplendi, il sort de ses ossements, comme du corps du divin Maître, une vertu céleste qui attire, subjugue les peuples et les entraîne, loin de

la terre, dans les hautes et sereines régions
de l'amour divin.,

Au milieu de cet enthousiasme, on arrive
dans la chapelle de la Confrérie ; la précieuse
relique est mise dans un autel, en attendant
qu'un sanctuaire plus digne d'elle soit élevé.
Les fondements ne tardèrent pas à en être
creusés. Déjà, grâce à la générosité de la
pieuse Confrérie de Saint-Roch, le nouvel
édifice promettait par sa magnificence de
répondre aux vœux de tous, lorsque tout-à-
coup les ressources vinrent à manquer. En
cette extrémité, ce qu'il y a de plus grand
au monde, Dieu, et ce qu'après Dieu les
hommes vénèrent davantage, le génie, semblèrent se concerter pour amener l'entière
réalisation de cette belle entreprise.

Un jour, on aperçut, suspendue près de
la chapelle de notre Bienheureux, une
admirable toile : elle représentait J.-C. marchant au supplice. La croix était sur ses
épaules ; et une corde, que tirait un impi-
toyable bourreau, s'enroulait autour de son
cou. La figure du Rédempteur était empreinte
d'une beauté céleste ; et portait le doux reflet
de la divinité et de la souffrance. Elle

exprimait si bien l'infini des douleurs d'un Dieu, que devant elle on se sentait ému jusqu'aux larmes. Tout Venise vint admirer ce chef-d'œuvre. En le contemplant, cette noble cité n'eut garde d'oublier le but que s'était proposé le Titien : tout aussitôt les offrandes affluèrent, et le monument put être achevé.

C'est là, dans cette église qui, remaniée à différentes époques, est devenue avec Saint-Marc l'un des plus beaux sanctuaires de la cité des doges, que reposent les restes de notre Bienheureux. On les garde dans une châsse en vermeil, au fond de l'abside. De riches et antiques étoffes les enveloppent et, de nos jours encore, un parfum d'une odeur exquise continue à s'en exhaler [1]. Sur un coussin de

---

[1] Le digne abbé Recluz l'a constaté, lors du voyage qu'il fit à Venise pour obtenir une relique insigne de S. Roch. «Les sceaux étant rompus, les glaces glissèrent dans leurs feuillures : nous étions devant le corps de notre Saint bien-aimé, posé horizontalement comme dans un tombeau, et couvert d'anciennes et très-riches étoffes d'or. Un parfum d'une odeur exquise s'exhalait de ces précieux restes. Je ne crois pas qu'on puisse respirer une odeur plus douce, plus agréable.... »

velours, à l'extrémité de la châsse , on aperçoit la majeure partie de la tête de notre Bienheureux : elle est enfermée dans un globe de cristal. Au-dessus du tombeau , on lit l'inscription suivante :

D. Rocho servat, ab omni lue civib. Illatq. hoc condit Reliquiis D, MDXX

A. S. Roch

Les habitants ayant été préservés de toute atteinte de la contagion, la cité a déposé dans ce tombeau ses reliques, apportées l'an du Seigneur mil cinq cent vingt.

Tout autour , la piété des Vénitiens a multiplié les marbres , les statues les plus remarquables. En vérité , le sépulcre de notre Bienheureux , comme celui du divin Maître , a été environné de gloire et d'honneur !

CHAPITRE XXII

Des Confréries fondées en l'honneur de notre Bienheureux, et de la spéciale dévotion des Montpelliérains pour leur compatriote vénéré.

> Il vous est né des enfants;.... ils perpétueront le souvenir de votre nom dans toute la suite des âges., et les peuples vous glorifieront dans tous les siècles et dans l'Eternité.
> (Ps. 44.)

Jusqu'ici, Montpellier n'avait produit que de célèbres docteurs pour conjurer les infirmités physiques; dès ce jour, la noble cité possèdera un médecin tout céleste, ayant le double [1] art de guérir les corps et de soulager et fortifier les consciences.

Désormais, ce ne seront plus seulement les pauvres pestiférés qui recourront à notre

---

[1] *Bis medicus* (Hymne de saint Roch.)

Bienheureux, mais toutes ces âmes faibles, désireuses d'une vie plus parfaite, et sentant le besoin d'un appui pour soutenir leurs vertus. Se réunissant en confréries, on les verra se placer sous le patronage de Roch ; revêtir avec joie ses livrées, et le choisir pour leur guide et leur père. Et quel guide plus sûr pour combattre l'orgueil et la haine, que celui qui s'était placé au-dessous de tous, qui avait consacré son avoir et son être tout entier à Dieu et aux pauvres ; celui qui avait eu pour devise, pendant tout le cours de son existence, ces deux mots aussi simples que sublimes : s'humilier et se dévouer !

L'humilité, l'abnégation, tel est l'esprit qui anima les confréries de Saint-Roch. Dès leur origine, Venise, Rome, Turin, Anvers, Saragosse, Arles, les principales villes d'Espagne, de Belgique, d'Italie, de France, voulurent posséder quelqu'une de ces associations où l'héroïsme fût à l'ordre du jour [1].

---

[1] C'est ainsi qu'en 1477, la peste s'étant abattue sur Venise, les membres de l'Association de S.-Roch s'efforcèrent, par des œuvres d'humilité et de pénitence, de fléchir le courroux du ciel.... Bien plus, on les vit,

Les grands se firent honneur d'en être membres : en parcourant les registres de ces associations pieuses, on y trouve les noms les plus illustres , des noms de têtes couronnées , d'hommes de génie et de saints. Nous accumulerions trop les détails, si nous voulions mentionner tous les témoignages de piété et de vénération que saint Roch a suggéré, à ces grandes et nobles âmes. Nous nous contenterons de citer saint Charles Borromée. « Imitez », disait-il à ses prêtres au moment où le fléau ravageait Milan, sa ville épiscopale, « imitez les exemples du glorieux Roch ! » de sorte que l'héroïsme immortel dont ce prélat fit preuve, pour venir en aide à son peuple, semble lui avoir été inspiré par le dévouement de notre admirable pèlerin.

Ne soyons pas surpris du nombre considérable de ces confréries [1], et de l'attrait qu'elles

---

méprisant toute crainte de la mort, ensevelir ceux de leurs confrères qui avaient succombé aux atteintes du fléau. (Flaminius Cornelius, *Ecclesiæ Venetæ, antiqua monumenta, Venetiis*, 1749.)

[1] Parmi les plus anciennes et les plus célèbres Confréries de S.-Roch , citons celles de Rome (1499); — de Venise (1415); — de Bologne (1509); — de Turin, dès

exerçaient. C'était l'esprit du moyen-âge ; et l'on peut dire de ces corporations sanctifiantes ce que l'illustre Lacordaire a écrit du tiers-ordre : « De même, qu'on appartenait à une famille par le sang, à une corporation par le service auquel on s'était voué, à un peuple par le sol, à l'Église par le baptême, on voulut appartenir, par un dévouement de choix, à l'une des glorieuses milices qui servaient J.-C. dans les sueurs de la parole et de la pénitence ; on revêtait les livrées de S. Dominique et de S. François ; on se greffait sur l'un de ces troncs pour vivre de leur sève, tout en conservant encore sa propre nature ; on fréquentait leurs églises ; on participait à leurs prières ; on les assistait de son amitié ; on suivait d'aussi près que possible la trace de leurs vertus ; on ne croyait plus qu'il fallut fuir du monde pour s'élever à l'imitation des

---

avant 1619 ; — d'Anvers (1658); — d'Arles (1628); — de Montpellier (1660-1661) ; — de Clermont-Lodève. Cette dernière date de l'année 1413, juste une année avant le Concile de Constance. Nous avons cru être agréable à nos lecteurs, en faisant imprimer, en appendice, son règlement, tel que se le sont transmis, d'âge en âge, les membres de la dévote Confrérie.

Saints. Toute chambre pouvait devenir une cellule, et toute maison une Thébaïde[1]. »

Tandis que les confréries de Saint-Roch se multipliaient dans le monde catholique, Montpellier ne restait pas en arrière. Cette ville possédait deux de ces associations pieuses, (une dans l'église des Trinitaires, l'autre dans celle de Notre-Dame des Tables), que les Souverains-Pontifes se plurent à enrichir de nombreux priviléges. Au reste, ce n'était là que le développement naturel de la dévotion que les Montpelliérains ont toujours eue pour leur bien-aimé compatriote. N'avaient-ils pas, dès l'an 1505, sans parler de la chapelle expiatoire élevée peu de temps après la mort de notre Bienheureux, un sanctuaire plus riche et non moins vénéré où ils venaient en temps de pestilence crier dévotement : « Sire Dieu, miséricorde ! » Ils aimaient à appeler saint Roch « leur consolation, leur douce lumière » ; ils le proclamaient « avec la Ste.-Vierge et S. Cléophas, leur protecteur contre les fureurs de l'enfer, et l'ire de Dieu[2]

---

[1] Lacordaire, *Vie de S. Dominique*, chap. 16.
[2] Gariel, *Vita S. Rochi*.

qui envoyait les fléaux. » Pendant longtemps,
les consuls de la ville vinrent, chaque année,
dans la cathédrale ou dans l'église de Notre-
Dame des Tables, faire solennellement des
vœux à S. Roch, en la chapelle qu'on lui avait
dédiée. Que touchantes sont ces manifestations
de foi et d'amour ! Comme on aime à les retrouver dans nos annales! On dirait une chaîne dont
les anneaux d'or se déroulent de siècle en
siècle. Et cette chaîne, ni la haine du protestantisme, ni le marteau des révolutions
n'ont pu la briser. Le culte de saint Roch a
survécu à toutes leurs attaques : il est demeuré vivace, enraciné dans le cœur des
Montpelliérains. Au lendemain même de ces
tourmentes qui ont fait chez nous tant de
maux, il a brillé d'un plus radieux et plus
doux éclat. C'est ainsi qu'à l'entrée de ce
siècle, en 1801, une paroisse a été érigée
dans notre ville en l'honneur de saint Roch.
Cinquante ans plus tard, d'insignes reliques
nous ont été données par les descendants de
ceux-là mêmes qui nous les avaient ravies
autrefois. Si notre époque contemporaine a
marqué son aurore et son plein jour par des
événements si favorables pour le culte de saint

Roch, est-il téméraire d'augurer que la fin répondra à de si heureux commencements? Oui, le XIXe siècle ne descendra pas à l'horizon des âges pour se coucher dans l'éternité, sans achever son œuvre, sans nous donner une église monumentale en l'honneur de saint Roch

Les Montpelliérains la demandent à grands cris ; s'ils se taisaient, les pierres déjà posées, qui attendent l'édifice, feraient entendre leurs voix et réclameraient à leur tour.

Saluons de nos vœux, dans un avenir prochain, ce sanctuaire béni qui doit être le fils et l'héritier des splendeurs de Valmagne [1].

---

[1] Abbaye bénédictine, fondée en 1138, au diocèse d'Agde, non loin du village de Villeveyrac. — L'église que l'on y voit encore fut commencée en 1257, par l'abbé Bertrand d'Auriac. Elle ne dut être complètement édifiée que dans le XIVe siècle.... L'église de Valmagne a 82 mètres de longueur et 24 mètres 33 centimètres de hauteur. La largeur des trois nefs est de 22 mètres; celle du transsept, de 30. A l'intérieur, elle se rapproche assez, par l'effet général et par le style, de toutes les églises ogivales de la même époque. Son ensemble présente une grande harmonie de proportions. .. (*Voir* Renouvier, *Monuments de quelques anciens diocèses du Bas-Languedoc.*)

Il nous semble voir ses voûtes s'élancer hardies, ses clochetons gracieux se dresser dans les airs, ses portes s'entrouvrir majestueuses. Une foule immense en franchit le seuil ; le Pontife vénéré prononce les paroles qui consacrent et sanctifient. Agenouillé sur les dalles de cette église, qui est vraiment digne de S. Roch et de la cité Montpelliéraine, tout un peuple est là, frémissant de joie ; et, devant la réalisation si longtemps attendue de ses espérances, il redit volontiers la belle prière : Salut, ô très-saint et bien-aimé Roch, vous, dont l'origine fut si illustre et qui portâtes, en venant au monde le signe de la croix gravé sur votre cœur. Les jours, hélas ! se font de plus en plus mauvais ;.... le souffle funeste de l'impiété enfièvre les âmes, les corrompt et les perd. Qu'allons-nous devenir ? O grand et céleste médecin, jetez sur nous un de ces regards compatissants qui tant de fois chassèrent le venin de la peste ; et nous préservez de toute contagion morale. Communiquez-nous quelque chose de votre puissante influence pour sauvegarder les esprits et les cœurs, ou tout au moins pour les guérir et les rendre, ainsi renouvelés, à notre seigneur et maître Jésus-Christ. Protégez Rome et son auguste Pontife; protégez la France, notre patrie; protégez la noble ville de Montpellier qui vous vit naître;... et si, par une dernière condescendance, vous daignez laisser tomber une de vos bénédictions sur le plus petit de vos biographes, en elle il recevra la plus précieuse des récompenses, bien digne assurément de le dédommager de ses quelques labeurs.

Ave Roche sanctissime,
Nobili natus sanguine,
Crucis signatus schemate,
Sinistro tuo latere.
Venena pestis amove,
Quo polles Dei munere:
Hostem grassantem comprime,
Tuos clientes protege.

APPENDICE

BIBLIOGRAPHIE

1. *Vita S. Rochi*, *auctore Francisco Diedò, civitatis Brixiensis præfecto.*

François Diédo, patricien de Venise et gouverneur de Brescia, est le premier historien de Saint Roch. Il s'est particulièrement attaché à recueillir les traditions populaires et les antiques récits concernant notre Bienheureux. Son livre, d'un style abondant et facile, a inspiré tous les biographes qui sont venus plus tard. Il parut en l'année 1478. Le noble gouverneur avait fait vœu de l'écrire, à l'occasion de la peste qui désola Brescia (1477). Comme on le voit, l'exécution avait suivi de près la promesse.

2. *Acta breviora, auctore anonymo. Ex ms. Belfortii, qui illud acquisivit à cœnobio Bethleemitarum propè Lova-*

nium et contulit cum duobus aliis mss. P.P. Cœlestinorum Parisiensium et Ambianensium.

Cette vie de saint Roch, plus abrégée que la précédente, diffère d'elle en quelques points secondaires et la complète en plusieurs autres. Les Bollandistes louent la concision, la netteté, l'enchaînement du récit et l'à-propos des dates. D'après eux, cette œuvre anonyme serait peut-être antérieure à celle de Diédo.

3. *Vita S. Rochi, auctore Petro Ludovico Maldura.*

Cette vie, qu'on attribue faussement au dominicain Maldura, n'est qu'une reproduction de celle de Diédo. On la trouve dans la collection de Surius. Arnaud d'Andilly en a donné une traduction française.

4. *Historia ex Italicâ reddita Teutonicè, in urbe Viennensi in Austriâ, anno post Christi nativitatem* MCDLXXXIV *Norimbergœ impressa, ad honoran-*

dum S. Rochum, ejusque vitam et apud Deum merita, necdùm tunc in istis terris admodùm nota.

Cette histoire, sans nom d'auteur, expose les faits déjà connus de la vie de Saint Roch.

5. *Compendium vitæ S. Rochi, apud Petrum de Natalibus, in appendice catalogi Sanctorum, anno 1493. Vicentiæ impressi.*

6. *Ad illustrissimum Dominum. D. Antonium Pratum, magnum utriusque Galliæ cancellarium dignissimum, Divi Rochi Narbonensis vita, per Joannem Pinum, Tolosanum edita.*

Elle parut en l'année 1516 et n'offre rien de nouveau. Son auteur, Jean de Pins, était évêque de Rieux et ambassadeur du roi de France à Venise.

7. *Vita di San Rocco da Bartolomeo Baga-*
    rotti, publicata in Piacenza, nell' anno
    1525.

Précieuse pour les détails qui concernent le séjour de saint Roch à Plaisance et ses rapports avec Gothard, son disciple.

8. *Poëme spirituel, contenant l'histoire de*
    la vie, mort et miracles de Sainct
    Roch, rédigé par escrit et mis en vers
    françois, par Jean Fermeluys l'aisné,
    escrivain et maistre d'escolle, imprimé
    à Paris en 1619.

Légende de saint Roch aussi naïve que gracieuse.

9. *Vita S. Rochi, auctore Matthia Paulo*
    Eburone; Leodii, 1635, in-12.

On la trouve inscrite dans la Bibliothèque histori-que du P. Lelong, sous le N° 4655.

10. *Vita S. Rochi, apud Gariel. Series Præsulum Magalonensium.*

11. *Vie de Saint Roch, dans l'Histoire ecclésiastique de Montpellier, par de Grefeuille.*

12. *Vie de Saint Roch et histoire de son culte, par J.-F. Vinas, ancien curé de Saint-Roch de Montpellier.*

13. *Saint Roch. — Étude historique sur Montpellier au XIVe siècle, par P. Coffinières, avocat près la Cour impériale de Montpellier — 1855.*

14. *Histoire de Saint Roch et de son culte, par l'abbé Recluz, curé de la paroisse Saint-Roch, à Montpellier. — 1858.*

Ces trois derniers ouvrages nous ont fourni de nombreux et remarquables documents. Leurs auteurs, par de consciencieuses recherches, on éclairé d'un jour nouveau la vie de notre Bienheureux concitoyen, et facilité singulièrement notre tâche d'hagiographe.

Nous ne pouvons non plus, sous peine d'être ingrat, ne pas mentionner le recueil des Bollandistes et les savants travaux de M. Germain : ces divers écrits ne nous ont pas été d'un moindre secours.

GÉNÉALOGIE DE LA RACE DE SAINT ROCH [1].

J'avais formé le dessein d'embellir mon ouvrage de l'histoire des Albigeois, des généalogies de tous les barons de la province de Languedoc qui ont droit d'entrer aux États, parce que j'ai trouvé que la plupart de leurs ancêtres se sont extrêmement signalés dans les guerres de la croisade contre les Albigeois, pour la défense de l'Église romaine et de la religion catholique, dont ils faisaient profession avec une fermeté inébranlable; mais, dans les recherches que

---

[1] Suite de l'*Histoire des Albigeois*, par le R. P. BENOIST, de l'ordre des FF. Prêcheurs. — A Toulouse, par J. et G. Pech, imprimeurs de Mgr. l'archevêque d'Alby, à l'enseigne du Nom-de-Jésus, 1693.

Cette généalogie, comme le fait très-bien observer M. Coffinières, à qui nous empruntons ce précieux document, ne peut être soupçonnée d'avoir été faite de connivence avec la famille de la Croix, puisqu'elle est basée sur des *Mémoires trouvés par les propres recherches de l'auteur, auquel ces Messieurs* (la Croix de Castries), *ignorant qu'il travaillait à cette histoire, ne se sont pas mis en peine de fournir les titres qu'ils pouvaient avoir devers eux dans leurs propres archives.*

j'ai faites des titres et des mémoires nécessaires pour l'exécution de ce grand dessein, n'ayant pas été assez heureux de trouver tout ce qui m'était nécessaire pour justifier les sources et descendances de toutes ces illustres maisons, soit parce que, dans les malheurs des guerres civiles, les huguenots eurent un grand soin de piller et de brûler tous les titres anciens qu'ils trouvèrent dans les villes et les châteaux dont ils se rendirent les maîtres, afin d'étouffer, avec la mémoire de l'antiquité de la noblesse, celle de la vraie religion, qu'ils tâchaient d'abolir, pour donner plus de vigueur à la nouvelle et à la fausse qu'ils voulaient introduire, sous le titre spécieux de réformation, soit parce que ces messieurs ignorant que je travaillais à cette histoire, ne se sont pas mis en peine de me fournir les titres qu'ils peuvent avoir devers eux dans leurs propres archives: je suis réduit à ne donner présentement au public que celles dont j'ai été assez heureux de trouver les mémoires par mes propres recherches, qui sont la maison de Castres, qui est celle de la Croix, et celle de la maison de Cauvisson, qui n'est autre que la maison de Louët et de Nogaret. Je commence par celle de Castres.

On trouve dans les annales d'Aragon et de Majorque un certain seigneur, non moins fameux par sa piété que par sa valeur, qui se nommait Jean de Majorque ; mais, ayant pris la croix pour aller en Orient faire la guerre contre les Sarrasins, il prit une grande croix sur sa cote d'armes, qu'il ne quitta jamais pendant la guerre, ni même après son retour, cela fit qu'on s'accoutuma à le nommer Jean de la Croix. Il s'en fit honneur et transmit ce beau nom à tous ses descendants, qui ont pris pour leurs armes une croix d'or sur un champ d'azur, en sautoir d'argent, cantonné de quatre fleurs de lis d'or, qui sont les armes des aînés de la maison de Castres, et les cadets brisent la croix d'un croissant de gueules dans le milieu.

Ce Jean de la Croix eut de sa femme, dont on ignore le nom, un fils nommé Raimond de la Croix, qui épousa Mathilde de Courtenay, de laquelle il eut un fils, nommé Estienne de la Croix.

Celui-ci fut gouverneur de Montpellier et marié à une fille du roi de Naples, de la maison d'Anjou, fut envoyé ambassadeur à Rome et à la cour de France; il eut de cette princesse deux fils, Jean de la Croix et Guillaume Roch de la Croix.

Jean de la Croix, fils aîné d'Estienne de la Croix, fut marié avec Libère, fille de la maison des rois de Hongrie, de laquelle il n'eut qu'un fils, qui fut SAINT ROCH, qui ayant abandonné ses biens pour suivre Jésus-Christ dans une vie pauvre et évangélique, mourut sans se marier, et laissa ses biens et ses états à Guillaume Roch de la Croix, son oncle, qui continua cette noble postérité.

Guillaume de la Croix fut amiral de Majorque, premier ministre de cet état et vice roi de Montpellier; il fut marié avec Judith de Montmorency, de laquelle il eut un fils nommé Jean de la Croix.

Ce Jean de la Croix, fils unique de Guillaume, fut

marié avec Bertrande de Goth, fille du vicomte de Lomagne, qui lui donna, sous l'hommage d'une paire de gants, plusieurs terres près Danvillers. Jean de la Croix eut, de ce mariage, un fils nommé Louis de la Croix, qui épousa Émingarde de Magni, fille du connétable de Languedoc ; il fut chambellan et eut une compagnie d'ordonnance. Ce Louis de la Croix eut un fils nommé Jean de la Croix, qui fut chevalier des ordres du roi de France, capitaine des gendarmes et général d'artillerie. Il épousa Jeanne de Stuard, de la maison royale d'Écosse, et fut tué, dans une bataille contre les Anglais. Il laissa un fils nommé Jean de la Croix : ce Jean de la Croix vivait sous Charles VI, roi de France ; il se signala si fort à la bataille de Baugé contre les Anglais, que le roi le fit chevalier de son ordre. Il eut de sa femme, dont on ignore le nom :

Jean de Lacroix, qualifié baron de Castres ; il ne laissa qu'un fils : Guillaume de la Croix, baron de Castres, fut gouverneur de la ville de Montpellier, comme il appert par une transaction passée entre ses enfants l'an 1503 ; fut marié deux fois : la première, il épousa Françoise de Cezelli, fille de N... Cezelli, écuier, seigneur de Figaret, de laquelle il eut trois fils et une fille :

1. Louis de la Croix, baron de Castres, continua la lignée des aînés de cette maison ;

2. Geoffroy de la Croix, seigneur de Riquebourg et baron de Franville, a donné origine à la branche des barons de Plancy et vicomtes de Semoine ;

3. Jean de la Croix, seigneur de Montferrier, qui mourut sans être marié;

4. Guillelmine de la Croix, mariée avec Jean de Maubec, seigneur de Sainte-Camelle, près de Castres. De ce mariage sont issus messieurs de Picalvel, près dudit Castres.

Ledit Guillaume de la Croix épousa en secondes noces Jeanne de Boussevin, de laquelle il eut :

5. Pierre de la Croix, écuyer et seigneur de Teyran, viguier de la ville de Béziers; celui-ci épousa N..... et eut deux fils et une fille :

L'aîné fut Jean de la Croix, seigneur de Teyran, marié avec Louise de Sarra, dont ne vint qu'une fille, Marie de la Croix, femme du président Bouquaut;

Antoine de la Croix, frère de Jean, fut seigneur de Montvilla, et s'allia avec Marguerite de Mariotte, dont il eut Antoine et François de la Croix, morts sans enfants, etc.

Isabeau de la Croix, femme de Philippe d'Isard, écuyer et seigneur de Saragosse, conseiller du roi et en la Chambre des comptes de Montpellier;

Marie de la Croix, sœur de Jean et d'Antoine de la Croix, épousa Jean de Chedebien, président de Montpellier.

Louis de la Croix, chevalier, baron de Castres, fils aîné de Guillaume de la Croix et de Françoise de Cezelli, son épouse, transigea et partagea avec Geoffroi et Jean, ses frères puînés, et avec Pierre de la Croix, son autre frère, issu du second lit l'an 1503. Il eut pour femme Jeanne de Montfaucon, fille de Claude de

Montfaucon, chevalier, baron de Vezenobre, et d'Anne Ducel, de laquelle il eut :

1. Henry de la Croix, baron de Castres ;
2. Guillaume de la Croix, seigneur de Figaret.

Henry de la Croix fut marié avec Marguerite de Guillems, de la maison des seigneurs de Montjustin en Provence, et de ce mariage il eut :

1. Jacques de la Croix, baron de Castres ;
2. Jean de la Croix, seigneur d'Anglas ;
3. François de la Croix, seigneur de Saint-Brez.

Jacques de la Croix, baron de Castres, chevalier de l'ordre du roi, fils aîné d'Henry de la Croix, épousa Diane d'Albenas, fille de messire Jean d'Albenas, chevalier et seigneur dudit lieu. Il fit testament le 5 octobre 1572, étant prêt à partir pour la cour, en qualité de député du corps de la noblesse du Languedoc ; ils institua son héritier universel Jean de la Croix, son fils, et légua certaines sommes d'argent à ses autres enfants :

Gaspard de la Croix, seigneur de Mairargues, Françoise de la Croix et Marguerite de la Croix, qui fut mariée avec Guillaume de Bonnet, chevalier, seigneur d'Aumelas, conseiller du roi et trésorier général de France en la province du Languedoc ;

Jean de la Croix, chevalier, baron de Castres, Miramond de Gourdièges, etc., fils aîné de Jacques de la Croix, épousa Marguerite de la Volhe, fille aînée de messire Pierre de la Volhe, conseiller du Roi, premier président en la chambre des comptes de Montpellier. Il fit testament le 27 juin 1592, et nomma pour son héritier universel son fils :

Jean de la Croix, gentilhomme de la chambre du roi. Il fut guidon de la compagnie d'ordonnance de Henry duc de Montmorency, pair et amiral de France et gouverneur du Languedoc. Il se distingua dans toutes les guerres, pour le service du roi contre les huguenots, et tint séance dans l'assemblée des États du Languedoc, comme l'un des premiers barons, l'an 1610. Il épousa dame Louise de l'Hôpital, fille aînée de messire Jacques de l'Hôpital, comte de Choisi, vicomte d'Omet, baron de Montigni, Lencoup et Courtenville, chevalier des deux ordres du roi, conseiller en ses conseils d'État et privé, capitaine de cent hommes d'armes, gouverneur et lieutenant pour Sa Majesté ès contez de Clermont-d'Auvergne, sénéchal desdites contez, chevalier d'honneur de la reine Marguerite et de Magdelaine Cossé, son épouse.

De ce Jean de la Croix et de Louise de l'Hôpital sont provenus quatre fils :

1. Jacques de la Croix, baron de Castres, mort au siége de Maestricht l'an 1632, sans avoir été marié ;

2. Henry de la Croix, seigneur de Villebresse en Anjou, non marié ;

3. Nicolas de la Croix, chevalier de Malte ;

4. René-Gaspard de la Croix, après la mort de son frère, Jacques de la Croix, prit la qualité de baron, puis de comte de Castres, et, sous ce titre, il a commandé une compagnie de chevaux-légers, entretenus pour le service du roi, avec laquelle il se trouva au siége et à la prise de la ville de Landorcis, et en plusieurs autres occasions de guerre, où il s'est si

bien distingué, qu'en considération de ses bons services Louis-le-Grand l'appela au nombre des chevaliers de son ordre, dans la promotion de l'an 1662.

Il a été marié deux fois : la première, en 1637, avec dame Isabeau Brachet, veuve de François Daubusson, comte de la Feuillade, fille et héritière de Guy Brachet, chevalier et baron de Peruse en Limousin, et de Diane de Maillé, fille du sieur de Maillé, dit Latour-Landry comte de Château-Roux, et de Diane de Rohan, de la maison de Guéméné.

Il épousa en secondes noces Élisabeth de Bonzi, fille de François, comte de Bonzi, et de dame Christine de Quiery, et sœur de Mgr. Pierre de Bonzi, cardinal-archevêque de Narbonne, grand aumônier de la feue reyne, fameux tant par plusieurs importantes négociations qu'il a terminées avec gloire, en qualité d'ambassadeur de Sa Majesté très-Chrétienne, en plusieurs cours d'Europe, que par les services qu'il continue de rendre au roi dans la province du Languedoc, en qualité de président-né de ses États.

René-Gaspard de la Croix, comte de Castres, a laissé de ce dernier mariage sept fils. Le cadet a pris le parti de l'Église et se nomme l'abbé de Castres ; il est prévôt et grand archidiacre de l'église cathédrale de Saint-Just de Narbonne, dans laquelle dignité il se distingue si fort par la capacité qu'il s'est acquise dans les études, et par une application singulière à toutes les œuvres de piété et à tous les devoirs de son état, qu'on espère de le voir bientôt un grand prélat dans l'Église.

L'aîné, nommé Joseph-François, marquis de Castres, dès l'âge de dix-huit ans a mérité d'être fait colonel d'infanterie, gouverneur de la ville et citadelle de Montpellier et sénéchal de la même ville; et, dans une rencontre qu'un corps de troupes du roi, commandé par le marquis de Sourdis, dans l'électorat de Cologne, eut avec une partie de l'armée des impériaux, le marquis de Castres, qui n'avait alors que vingt ans, paya si bien de sa personne dans cette judicieuse retraite que fit M. le marquis de Sourdis, après avoir soutenu quelque temps les ennemis qui l'auraient accablé par le nombre, que Sa Majesté fit le marquis de Castres brigadier d'infanterie. Il a depuis épousé une fille de la maison de Mortemare, et, par ce moyen, il soutient l'éclat de sa maison, par cette nouvelle alliance avec une des plus anciennes et des plus illustres maisons de France.

Il y a plusieurs branches de cadets de la maison de la Croix en Savoye, en Champagne, en Limousin, et dans la Montagne du Languedoc, qui ont fleuri depuis plus de deux cents ans, et principalement celle des vicomtes de Semoine, de Plancy et de Bruni, souverains du Frêne, dont l'illustre M. d'Ozié a fait une généalogie très-exacte, par laquelle il justifie que cette branche de Plancy et Bruni, en Champagne, outre les grands emplois que MM. de Bruni ont eus dans les armées, dans les maisons de nos rois et de nos reines, sont aussi alliez aux maisons de Marlay, de Courtenai, de Clermont, de Boutiller, de St-Blaize, de Salazar et autres illustres et anciennes maisons de France.

———

La noble lignée de saint Roch est loin d'être complètement éteinte. Il est encore, à notre connaissance, deux familles qui peuvent se glorifier de compter notre Bienheureux parmi leurs ancêtres :

1° La maison ducale de la Croix de Castries, représentée par Madame la maréchale-présidente de Mac-Mahon, duchesse de Magenta, et qui porte pour armoiries : d'azur, à la croix d'or.

2° La maison des de Vanel de Lisleroy. — Voici en effet ce qu'on lit dans Pithoucurt (*La noblesse du Comtat Venaissin*, tome II ou III, page 482) : « Cette maison (celle des Roch) s'étant divisée en deux branches, l'une resta à Montpellier, et l'autre vint s'établir au Pont-Saint-Esprit. Cette dernière posséda beaucoup de fiefs dans les environs de cette ville ; s'allia à tout ce qu'il y avait de plus considérable dans cette contrée, et fournit un grand nombre de chevaliers de l'ordre de Saint-Jean de Jérusalem, appelés plus tard chevaliers de Rhodes et enfin chevaliers de Malte. *Le dernier rejeton de cette maison, au Pont-Saint-Esprit, fut Isabelle de Roch, qui épousa, le 3 mai 1484, Jean de Joyes, lequel eut pour fils Louis, dont est issue Isabeau (aliàs) Élisabeth, femme de noble Guillaume Vanel*, grénetier alternatif du grenier à sel du Saint-Esprit (autrement dit, juge civil et criminel des gabelles au Pont-Saint-Esprit). (Voir l'*Armorial, général* d'Hozier). — Isabeau de Joyes apporta de grands bien à Guillaume de Vanel, entre autres la terre de l'Isle-Roi (l'Isle-Roi ou Lisleroy, fief en Languedoc, avec haute, moyenne et basse justice,

inféodé en 1455 par Charles VII en faveur de Jean
de Roch); celle de Barrenques, terre avec titre de
baronie, dans le comtat Venaissin, et le magnifique
hôtel situé sur la place principale du Pont-Saint-
Esprit, où « les Rois ensemble, les Princes, les
grands Seigneurs du royaume ont accoutumé de se
retirer et loger pour jouir de la commodité qu'ils
trouvent en ville. » — Depuis son mariage (18 mars
1582) avec *l'héritière des maisons de Joyes et
de Roch,* Guillaume écartela ses armes avec celles de
ces deux maisons; et il porta, comme le porte encore
aujourd'hui la branche aînée de cette famille : d'azur,
à trois rocs d'échiquier d'or posés deux et un, qui
est de Roque (Roch). Écartelé d'azur à une colombe
d'argent, béquée de gueules, prenant son essort, et
tenant dans son bec un rameau d'olivier de sinople,
qui est de Joyes; et, sur le tout, d'argent à un
chêne de sinople mouvant d'une terrasse de même,
qui est de Vanel. Devise : *Roborant lilia robur.*
Supports : deux lions; couronne de marquis.

C'est sur la prière d'un de nos amis, qu'un intrépide défenseur du pouvoir temporel de Pie IX,
M. Maxime de Lisleroy, a bien voulu nous commu-
niquer les notes relatives à sa maison. Qu'il daigne
recevoir ici l'expression de notre reconnaissance.

Statuts octroyés par vénérable père en Dieu & Illuftriffime feigneur Meffire Jean de Lauergne, Evefque de Lodeue, à la Confrerie St Roch eftablie dans l'efglife St Paul de la uille de Clermont.

1413 *

Premierement eft eftabli que tous les Confreres feront obligés de venir dans l'efglife Sainct-Paul & à la chapelle de Sainct-Roch le jour de la veilhe de la fefte aux premieres vefpres & le lendemain jour de la fefte à la faincte meffe, à vefpres & à complies pour ouïr le diuin feruiffe & fur tout en bonne deuotion.

Item que le jour de Sainct-Roch tous les Confreres apres auoir oui la faincte-meffe aillent difner enfemble fort modeftement & que apres difner, ils faffent la charitté & l'aumofne aux pauures de Jefus-Chrift.

---

(1) Il existe, en langue Romane, un premier manuscrit de ce précieux règlement. Il ne nous a pas été possible, à notre grand regret, de le faire reproduire.

Item, quand quelq'un des Confreres uiendra à deceder, tous les autres feront obligés d'accompaigner le corps jufques à la fepulture, & d'affifter à la neuuaine hors de legitime efcufe.

Item, tous les Confreres feront obligés d'auoir un preftre tous les ans pour dire une meffe tous les dimanches pour les Confreres uiuants, & le lundy vne autre meffe pour les Confreres trefpaffés.

Item, que tous les Confreres & Confrereffes, feront obligés de prier Dieu pour les trefpaffés & pour les viuants.

Item, que fy entre les Confreres y arriue aucune difcorde ou debat les Recteurs auec les Confeilliers feront obligés de les mettre d'acort.

Item, tous les Confreres & Confrereffes feront obligés de venir à l'efglife Sainct-Paul le jour de Sainct Roch pour ouir le diuin office, & les preuofts feront obligés de bailher à chafque Confrere une chandelle de cire pour aler à la proceffion comme eft de coftume aux autres Confreries.

Item, que chafcun an feront faictes des torches & chandelles qui brufleront fur l'autel de Sainct-Roch quand la meffe fe dira & que les Confreres feront prefants. Et que tous les Confreres feront obligés de prier Dieu pour les Confreres viuants & trefpaffés.

Item, les preuofts feront obligés de faire faire deux torches de cire qui brufleront deuant le Sainct-Sacrement quand on l'apportera à quelque Confrere malade par la ville.

Item, quand quelque Confrere fera malade ou luy ou quelq'un de fa maifon fera obligé de uenir aduertir les preuofts de la Confrerie afin que s'il uient à deceder, lefdicts preuofts puiffent aduertir les autres Confreres & que iceux puiffent faire leur deuoir porté par la Confrerie.

Item, tout Confrere preftre fera obligé de dire un meffe des morts pour chafcun Confrere decedé. Et s'il eft diacre, il fera obligé de dire l'office des morts pour chafcun Confrere decedé. Et s'il n'eft que Clerc, il fera obligé de dire les fept pfalmes & les lethanies.

Item, tout Confrere & Confrereffe laique fera obligé de dire cent fois le *Pater nofter* & tout autant de fois l'*Aue Maria*, pour l'ame de chafcun Confrere mort.

Item, quand quelque Confrere ou Confrereffe

viendra à deceder l'esquille ira par la ville, & on
aduertira aux lieux accoustumés q'un tel ou vne
telle de la Confrerie de Sainct-Roch est allé ou
allée de vie à trespas afin que chascun Confrere
ou Confreresse fasse son deuoir.

Item, que le jour de Sainct-Roch, tous les
Confrères & Confresses après auoir disné ensamble,
les preuots & leur conseil procedent à l'eslection
& à la creation de nouueaux preuots & nouueaux
conseilliers pour regir & gouuerner l'année suiu-
ante le bien de la Confrerie, suiuant la bonne
costume.

Item, les vieux preuots seront obligés à la fin
de leur année de randre bon compte aux nouueaux
preuots des biens de la Confrerie en bonne con-
science, & auiseront bien de ne se damner point
en retenant le bien de la Confrerie.

Item, quiconque uoudra entrer en ladite Confrerie payera la premiere année pour son entrée
vne esmine de miscle.

Item, tout Confrere prestre sera obligé de dire
le jour de Sainct-Roch vne messe pour les viuants
& le lendemain une messe pour les morts.

Item, le lendemain de la feste de Sainct-Roch,

& en la chapelle de Sainct-Roch quy eſt dans l'eſgliſe de Sainct-Paul de Clermont, ſe faira vn ſeruiſſe ou cantage pour tous les Confreres morts & bienfacteurs de la Confrerie.

Nous Jean Félix Henry de Fumel, eveſque, ſeigneur, comte de Lodeve & de Montbrun, conſeillier du Roy en ſes conſeils &c., vû les preſants ſtatuts de la Confrerie de Sainct-Roch eſtablie dans la paroiſſe de la ville de Clermont de notre dioceſe, nous les avons approuvés & approuvons pour eſtre obſerués par les Confreres de ladite Confrerie leur deffendant ſous les peines de droit d'y faire aucune addition ſans au prealable nous l'avoir communiqué & avoir obtenu noſtre permiſſion & approbation par eſcrit. Donné à Clermont dans le cours de noſtre viſite, ſous noſtre ſeing & le contre-ſeing de noſtre ſecretaire, le 20 janvier 1752.

† JEAN FELIX HENRY, *evêque de Lodeve.*

Par Monſeigneur,

LOUBEAU, *secretaire.*

LITANIES DE SAINT ROCH.

Kyrie, eleison.
Christe, eleison.
Kyrie, eleison.
Christe, audi nos.
Christe, exaudi nos.
Pater de cœlis Deus, miserere nobis.
Fili Redemptor mundi Deus, miserere nobis.
Spiritus sancte Deus, miserere nobis.
Sancta Maria, ora pro nobis.
Sancta Dei Genitrix, ora pro nobis.
Sancta Virgo virginum, ora pro nobis.
Sancte Roche, generose mundi contemptor, ora pro nobis.
Sancte Roche, fidelis Christi assecla, ora pro nobis.
Sancte Roche, mortificationem Jesu jugiter portans, ora pro nobis.
Sante Roche, quem charitatis flamma succendit, ora pro nobis.
Sante Roche, pauperibus impendens tua, et teipsum superimpendens, ora pro nobis.
Sancte Roche, pro Christo opprobria mendicans, ora pro nobis.

Sancte Roche, ægris propriam vitam profundens, ora pro nobis.

Sancte Roche, peste laborantibus invicto animo inserviens, ora pro nobis.

Sancte Roche, crucis signo luem fugans, ora pro nobis.

Sancte Roche, insignium urbium salus, ora pro nobis.

Sancte Roche, quem demùm pressit ipsa contages, ora pro nobis.

Sancte Roche, contage pressis exemplar patientiæ, ora pro nobis.

Sancte Roche, sanitatem quasi divinitus recuperans, ora pro nobis.

Sancte Roche, sui quem cives, ludibriis et vinculis, insontem mulctarunt, ora pro nobis.

Sancte Roche, in carcere, ut malefactor, vitam exhalans, ora pro nobis.

Sancte Roche, quem Ecclesia ipsa in concilio ad pestem depellendam efficaciter invocavit, ora pro nobis.

Sancte Roche, quem gloriâ et honore Christus coronavit, ora pro nobis.

Sancte Roche, civis noster, ora pro nobis.

Sancte Roche, protector noster, ora pro nobis.

Agnus Dei, qui tollis peccata mundi, parce nobis, Domine.

Agnus Dei, qui tollis peccata mundi, exaudi nos, Domine.

Agnus Dei, qui tollis peccata mundi, miserere nobis.

Christe , audi nos.
Christe , exaudi nos.

℣. Curavit gentem suam. ℟. Et liberavit eam à
perditione.

ORATIO.

Subveniat nobis , quæsumus, Domine, beati Rochi,
Confessoris tui, apud te intercessio , quæ iræ tuæ fla-
gella a nobis avertat , et tuæ nos reconciliet Majestati.
Per Dominum nostrum.
℟. Amen.

LITANIES DE SAINT ROCH

Seigneur , ayez pitié de nous.

Christ, ayez pitié de nous.

Seigneur , ayez pitié de nous.

Christ , écoutez-nous.

Christ , exaucez-nous.

Père céleste , qui êtes Dieu , ayez pitié de nous.

Fils , Rédempteur du monde , qui êtes Dieu , ayez pitié de nous.

Saint-Esprit, qui êtes Dieu , ayez pitié de nous.

Sainte Marie, priez pour nous.

Sainte Mère de Dieu , priez pour nous.

Sainte Vierge des Vierges , priez pour nous.

Saint Roch , généreux contempteur du monde, priez pour nous.

Saint Roch , fidèle disciple de Jésus-Christ, priez pour nous.

Saint Roch , qui portâtes constamment la mortification de Jésus-Christ, priez pour nous.

Saint Roch , dont le cœur fut brûlant du feu de la charité , priez pour nous.

Saint Roch , qui sacrifiâtes vos biens aux pauvres, et qui vous sacrifiâtes vous-même , priez pour nous.

Saint Roch, qui mendiâtes des opprobres pour l'amour de Jésus-Christ, priez pour nous.

Saint Roch, qui prodiguâtes votre vie au soulagement des malades, priez pour nous.

Saint Roch, qui servîtes les pestiférés avec un zèle et un courage héroïques, priez pour nous.

Saint Roch, qui par le signe de la croix arrêtâtes les ravages de la peste, priez pour nous.

Saint Roch, qui sauvâtes de la contagion plusieurs villes illustres, priez pour nous.

Saint Roch, qui fûtes enfin attaqué de la peste même, priez pour nous.

Saint Roch, qui devîntes pour les pestiférés un modèle de patience, priez pour nous.

Saint Roch, qui recouvrâtes la santé comme par miracle, priez pour nous.

Saint Roch, qui, malgré votre innocence, fûtes couvert d'opprobres, et mis aux fers par vos concitoyens, priez pour nous.

Saint Roch, qui terminâtes votre vie dans la prison comme un malfaiteur, priez pour nous.

Saint Roch, que l'Église, dans un concile, invoqua efficacement contre la peste, priez pour nous.

Saint Roch, que Jésus-Christ a couronné de gloire et d'honneur, priez pour nous.

Saint Roch, notre concitoyen, priez pour nous.

Saint Roch, notre protecteur, priez pour nous.

Agneau de Dieu, qui effacez les péchés du monde, pardonnez-nous, Seigneur.

Agneau de Dieu, qui effacez les péchés du monde, exaucez-nous, Seigneur.

Agneau de Dieu, qui effacez les péchés du monde,
ayez pitié de nous, Seigneur.

Jésus-Christ écoutez-nous.

Jésus-Christ exaucez-nous.

℣. Il a pris soin de sa nation.

℟. Et il l'a délivrée de la mort.

ORAISON.

Faites, Seigneur, nous vous en conjurons, que
l'intercession de saint Roch, votre Confesseur, nous
soit favorable auprès de vous, afin qu'elle détourne
de dessus nos têtes les fléaux de votre colère, et
qu'elle nous réconcilie avec votre Majesté. Par Notre
Seigneur.

℟. Ainsi soit-il.

TABLE DES MATIÈRES

Page.

INTRODUCTION............................... I-XL

CHAPITRE 1er : De la naissance de notre Bienheureux, et du signe merveilleux qu'il apporta
lors de sa venue.............................. 1

CHAPITRE II : Comment notre Bienheureux fut
baptisé, et comment il s'exerçait en la vertu en
son bas-âge................................... 7

CHAPITRE III : Où l'on voit ce qu'était, au temps
passé, la cité de Montpellier, et de quelle manière
notre Bienheureux croissait en sagesse et en âge
devant Dieu et devant les hommes............. 13

CHAPITRE IV : Comment messire Roch de La Croix
passa de vie à trépas, et comment Libère étant
morte peu de temps après, notre Bienheureux
demeura seul................................. 24

BIBLIOTHÈQUE NATIONALE — R.F. — ESTAMPES

CHAPITRE V : De la grande charité et compassion de notre Bienheureux envers les malheureux, et de son amour pour la très-sainte charité....... 30

CHAPITRE VI : Comment notre Bienheureux, ayant distribué tous ses biens aux pauvres et triomphé des résistances de sa famille, se fit pèlerin pour l'amour du Dieu............................. 35

CHAPITRE VII : Comment notre Bienheureux étant venu en Italie rencontra la peste, et de la grande douleur qu'il en ressentit...................... 46

CHAPITRE VIII : Comment notre Bienheureux devint servant des pauvres en l'hospice d'Acquapendente, et de la grande vénération où il fut tenu par le peuple de cette ville.............. 52

CHAPITRE IX : De quelques prodiges opérés par Roch à Césène et autres lieux, et du lamentable état où il trouva Rome...................... 61

CHAPITRE X : De l'heureuse rencontre que fit notre Bienheureux du cardinal Britonique, et de ce qui s'ensuivit.. 69

CHAPITRE XI : Comment, en servant les pauvres de J.-C., le Cardinal fut atteint de peste, et comment, guéri par un signe de croix de notre Bienheureux, il en porta sur le front la marque visible à tous.. 67

CHAPITRE XII : De la présentation de notre Bienheureux au Pape, et comment le cardinal Britonique ayant trépassé, notre Bienheureux quitta Rome pour s'en aller en d'autres pays... 85

Chapitre XIII : Des grandes choses que fit notre Bienheureux à Plaisance , et comme quoi , éprouvé de Dieu , il connut l'ingratitnde des hommes.................................... 95

Chapitre XIV : Du séjour de notre Bienheureux en la forêt de Sarmato , et des prodiges dont Dieu se plut à favoriser son serviteur.............. 106

Chapitre XV : De quelle manière merveilleuse le noble Gothard fut amené à decouvrir la retraite de notre Bienheureux........................ 113

Chapitre XVI: Comment Gothard renonça au monde et supporta , pour l'amour de Dieu , d'être méprisé et honni.............................. 119

Chapitre XVII : De ce qui se passa dans la forêt de Sarmato , et des touchants adieux que se firent Roch et son disciple........................ 129

Chapitre XVIII : Comment notre Bienheureux , après avoir enduré de grandes tribulations , termina son pèlerinage d'ici-bas ; et comment il fut reconnu par les siens.................... 139

Chapitre XIX : Des hommages qui furent rendus à notre Bienheureux immédiatement après sa mort.. 153

Chapitre XX : Comment notre Bienheureux fut acclamé par les Pères de Constance , et des miracles dus à sa puissante intervention.......... 161

Chapitre XXI : De l'enlèvement des reliques de notre Bienheureux et de la magnifique chapelle qui lui fut bâtie à Venise...................... 171

Chapitre XXII : Des Confréries fondées en l'honneur de notre Bienheureux, et de la spéciale dévotion des Montpelliérains pour leur compatriote vénéré................................ 179

Appendice.................................... 189

Bibliographie................................ 191

Génèalogie de saint Roch..................... 197

Statuts de la Confrérie de Saint-Roch, établie à Clermont (1413)............................ 208

Litanies de Saint Roch....................... 213

ERRATA

Introduction, page XXX, ligne 18, au lieu de : *dans la même pensée*, lisez : *pour expier son crime.*

Introduction, page XXXI, 1re ligne, au lieu de : *pour expier son crime*, lisez : *dans la même pensée.*

Introduction, page XXXVIII, ligne 16, rétablir la phrase ainsi : *Nous voulons parler des phénomènes surnaturels, qui sont si abondants dans la vie des Saints, qui ont été consacrés par la foi....*

Introduction, page XXXIX, ligne 20, au lieu dè : *contemporaines*, lisez : *contemporains.*

Page 17, ligne 24, au lieu de : *ceux de écoliers*, lisez : *ceux des écoliers.*

Page 52, ligne 2, au lieu de : *devient*, lisez : *devint.*

Page 72, ligne 21, au lieu de : *attachée*, lisez : *attachées.*

Page 90, dernière ligne, et page 91, lignes 1 et 2, considérer comme note la phrase mise entre crochets.

Page 97, ligne 5, au lieu de : *Roch se trouvant*, lire : *Roch le trouvant.*

Page 175, ligne 6, au lieu de : *une effluve*, lisez : *un effluve.*

www.ingramcontent.com/pod-product-compliance
Lightning Source LLC
Chambersburg PA
CBHW051551030726
47592CB00001B/234